袁珂讲成语故事

袁珂——

著

华东师范大学出版社

图书在版编目（CIP）数据

袁珂讲成语故事／袁珂著．—上海：华东师范大
学出版社，2019
ISBN 978 - 7 - 5675 - 8960 - 5

Ⅰ.①袁… Ⅱ.①袁… Ⅲ.①汉语 - 成语 - 故事 - 通
俗读物 Ⅳ.①H136.31 - 49

中国版本图书馆 CIP 数据核字（2019）第 041502 号

袁珂讲成语故事

著　　者　袁　珂
项目编辑　乔　健　程军川
审读编辑　林　仪
封面设计　吕彦秋

出版发行　华东师范大学出版社
社　　址　上海市中山北路 3663 号，邮编 200062
网　　址　www. ecnupress. com. cn
电　　话　021 - 60821666　行政传真　021 - 62572105
客服电话　021 - 62865537
门市（邮购）电话　021 - 62869887
地　　址　上海市中山北路 3663 号华东师范大学校内先锋路口
网　　店　http：//hdsdcbs. tmall. com

印　刷　者　三河市中晟雅豪印务有限公司
开　　本　710×1000　16 开
印　　张　9
字　　数　109 千字
版　　次　2019 年 9 月第 1 版
印　　次　2019 年 9 月第 1 次印刷
书　　号　ISBN 978 - 7 - 5675 - 8960 - 5/I. 2019
定　　价　25.00 元

出 版 人　王　焰

目　录

成语故事

附录　童话故事

成语故事

门可罗雀

汉朝时，下邽地方的翟公在朝中做大官。来他家拜访的宾客满门，车来马往，川流不息。后来，他的官职被罢免了，宾客们一下子都绝了迹，谁都不再上他的门来。他家门前冷清清的，地上长满了荒草，只有一些鸟雀在那里叽叽喳喳地飞鸣跳跃。他恨不得张上一面捕鸟的网，来捕捉这些给人添愁的鸟雀。

过了一些时候，皇帝心里一高兴，又恢复了翟公的官职。这么一来，他家门前马上又热闹起来了，仍旧是车马往来、川流不息，前些时候绝迹不上门的宾客们又都纷纷来向他道喜。可是翟公已经看清楚了他们究竟是为什么而来，就用竹板刻写了几句话悬挂在大门上：

一死一生，乃知交情。
一贫一富，乃知交态。
一贵一贱，交情乃见。

那些宾客都只得讪讪地无精打采地回去了。

成语典故

门可罗雀

夫以汲、郑①之贤，有势则宾客十倍，无势则否，况众人乎！下邽翟公^②有言，始翟公为廷尉^③，宾客阗门^④；及废，门外可设雀罗。翟公复为廷尉，宾客欲往，翟公乃大署^⑤其门曰："一死一生，乃知交情。一贫一富，乃知交态。一贵一贱，交情乃见。"

——〔汉〕司马迁《史记·汲郑列传》

注释

①汲：汲黯，汉景帝时任太子洗马，武帝时出任东海太守，后又任主爵都尉。郑：郑庄，汉景帝时先任太子舍人，后迁为大农令。

②下邽：今陕西渭南下邽镇。翟公：汉武帝时的大臣。

③廷尉：官职名，掌刑狱。

④阗门：充塞在门前。

⑤署：写。

长安居大不易

白居易年轻时候到长安，带了他自作的诗篇去谒见顾况。顾况是当时有名的诗人，恃才傲物，对于他人的作品很少推许。见这个年轻人来请教他，一问起他的姓名，就和他开玩笑说："你的名字叫居易，你可知道，长安这个地方是京城，什么东西都比别处昂贵，要想在这个地方居住下来可很不容易啊！"

白居易不敢说什么，只是请他先看看诗。顾况就把白居易的诗稿拿起来随便翻了一翻，越看下去，他的脸色就越发变得庄重，及至看到"离离原上草，一岁一枯荣，野火烧不尽，春风吹又生"几句，不禁大加称赏："能写出这样好的诗句，就任便到天下哪个地方去居住也都不难了。刚才我不过是随便和你开开玩笑，请你千万不要见怪。"

后来白居易果然在诗坛上放出灿烂的光彩，成为非常有名的诗人。

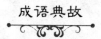

成语典故

长安居大不易

居易，字乐天①，太原下邽人。弱冠名未振，观光上国，谒顾况②。况，吴人，恃才少所推可，因谑之曰："长安③百物皆贵，居大不易！"及览诗卷，至"离离原上草，一岁一枯荣，野火烧不尽，春风吹又生"，乃叹曰："有句如此，居天下亦不难。老夫前言戏之尔。"

——〔元〕辛文房《唐才子传》

注释

①居易：唐代诗人白居易。

②顾况：写有名诗《叶上题诗从苑中流出》。贞元三年为李泌荐引，入朝担任著作佐郎。

③长安：唐朝国都。

長安居大不易

　　白居易年輕時候到了長安，帶了他自作的詩篇去謁見顧況。顧況是當代有名的詩人，恃才傲物，對於他人的作品很少推許。見這個青年人來請教他，一問起他的姓名，就和他開頑笑說：

　　"你的名字叫居易，你可知道，長安這個地方，是京城，什麼東西都比別處昂貴，要想在這個地方住居下來可很不容易啊！"

　　白居易不敢說什麼，只是請他先看看詩。他說把白居易的詩稿拿起來隨便翻了一翻，越看下去，他的臉色就越發變得莊重，及至看到"野火燒不盡，春風吹又生"兩句，他不禁大加欣賞地數了一口氣說：

　　"能寫出這樣好的詩句，就到天下任便那個地方去居住也都不難了；剛才我不過是隨便和你開開頑笑，千萬請你不要見怪。"

　　後來白居易果然在詩壇上放出燦爛的光來，成為非常有名的詩人。

　　　　　　　　　　　　　　——唐才子傳

◎袁珂手稿（长安居大不易）

狐假虎威

老虎的肚子饿了，从山洞里走出来寻找东西吃。找了好半天，终于捉到了一只狐狸。它正迫不及待地想把狐狸一口吞下肚的时候，狡猾的狐狸突然向他说："你可不敢吃我呀！"

老虎愣了一愣，说："什么？——你说什么？"

"我说，你可不敢吃我。"狐狸眨眨它的小眼睛，从容不迫地说，"我是天帝爷派到凡间来管理百兽的，如果你吃了我，那就算违抗天帝，这个罪过你担代得了吗？"

"唔……"老虎半信半疑地沉吟。

"我知道你会不大相信我——好吧，那我就把我的本领试一试给你看。你暂且放了我，让我在前面走，你在后面跟随，看一看百兽见了我是怎样的光景，你就知道我说的是真话还是假话了。"

老虎一听这话，觉得有理，就释放了狐狸，忍住肚子的饥饿，跟随在它的后面，和它一道在山林里游行。

一路上，山林里的那些狼呀，鹿呀，野猪呀，野兔呀……一看见他们来了，都吓得纷纷地外窜。狐狸挺神气地走在前面，昂扬着那小小的头，摆动着毛蓬蓬的大尾巴，得意洋洋地回转头来，向跟在后面的老虎说道："怎样？"说完就大模大样地走开了去。

老虎果然佩服狐狸的本领，而把到嘴的食物白白地放弃了。它不知道百兽害怕的是老虎自己，并不是走在前面仗恃老虎的威风来恐吓别人的那狡猾的狐狸啊！

成语典故

狐假虎威

　　荆宣王问群臣曰："吾闻北方之畏昭奚恤，果诚何如？"群臣莫对。江一对曰："虎求①百兽而食之，得狐。狐曰：'子无敢食我也！天帝使我长②百兽，今子食我，是逆③天帝之命也。子以我为④不信⑤，吾为子先行，子随我后，观百兽之见我而敢不走乎？'虎以为然⑥，故遂与之行；兽见之皆走。虎不知兽畏己而走也，以为畏狐也。今王之地方五千里，带甲⑦百万，而专属于昭奚恤。故北方之畏昭奚恤也，其实畏王之甲兵也，犹如百兽之畏虎也。"

　　——〔汉〕刘向编订《战国策·楚策一》

注释

　　①求：寻找。

　　②长：做首领。

　　③逆：违抗。

　　④以……为：认为……是。

　　⑤信：诚实。

　　⑥然：对。

　　⑦甲：士兵。

黔驴之技

贵州省（简称"黔"）地方，古时候不出产驴。有一个好事的人异想天开地从北方运了一头驴到贵州来，把它放在山脚下，看它在那里怎样生活。

驴在山脚下起初倒也自由自在，生活得很好；后来来了一只老虎，扰乱了它的安宁生活。

老虎把身子隐藏在林薮间，悄悄地窥看着这从来也没有见过的奇怪的动物。这动物的身体真是庞大呀，料想它的本领必然不小，轻易是惹它不得的。

老虎心里正这么想，忽然听见那低头吃草的怪物仰起头来大叫了一声，骇得老虎心惊胆战，回转身夹着尾巴没命地就开跑，以为那怪物要来吃它了。

过了两天，老虎抑制不住好奇心，又跑到山脚下来看看那怪物。这一回它胆子比较大了些，来来往往把那吃草的毛驴看了个半天，觉得似乎也没有什么了不起，但还是不敢轻易去触犯。

后来又偷看了好几回，老虎委实看不出那长脸孔的怪物的本领究竟在哪里。

老虎的胆子渐渐大了，就从林子里走出来和驴开开玩笑。他用爪子在驴尾巴上抓上这么一抓呀，又用脑门在毛驴肚子上撞上这么一撞呀……弄得驴很不舒服。

生长在北方平原上的驴，自出娘胎就没有见过老虎，也不知道老虎的厉害。现在看见这大黄猫一样的东西来和自己开玩笑，一次两次倒也罢了，三番五次就觉得再也忍受不住，于是当老虎又来开玩笑的时候，驴不胜愤怒，扬起后腿，照着老虎就是一踢。

"哈!"被踢的老虎心里暗暗欢喜，"我说这家伙有多么大的本领，原来才不过是这样，那我还害怕他干什么呢?"

老虎回转身来，张牙舞爪，又是咆哮，又是腾跳，一下子扑在驴身上，咬断了它的咽喉，喝了它的血，吃了它的肉，这才拖着个沉甸甸的肚子慢慢地走回山洞去。

成语典故

黔驴之技

黔无驴，有好事者①船载以入②。至则无可用，放之山下。虎见之，庞然大物也，以为神，蔽③林间窥之。稍出近之，慭慭然④莫相知。他日，驴一鸣，虎大骇⑤远遁；以为且噬⑥已也，甚恐。然往来视⑦之，觉无异⑧能者；益习⑨其声，又近出前后，终不敢搏。稍近益狎⑩，荡倚冲冒⑪。驴不胜怒⑫，蹄⑬之。虎因喜，计⑭之曰："技止此耳⑮!"因跳踉⑯大㘎⑰，断其喉，尽其肉，乃去。噫！形之庞也类有德，声之宏也类有能。向不出其技，虎虽猛，疑畏，卒不敢取。今若是焉，悲夫！

——〔唐〕柳宗元《柳河东集·三戒》

注释

①好事者：喜欢多事的人。

②船载以入：用船载运（驴）入境。

③蔽：躲避，躲藏。

④慭慭然：小心谨慎的样子。

⑤骇：害怕。

⑥且：将要。噬：咬。

⑦视：观察。

⑧异：特别的，与众不同的。能：本领，能力。

⑨习：熟悉。

⑩狎：态度亲近而不庄重。

⑪荡：碰撞。倚：倚靠。冲：冲撞。冒：冒犯。

⑫不胜怒：非常愤怒。

⑬蹄：名词作动词，踢。

⑭计：盘算。

⑮技：本领。止：同"只"，只不过，仅仅。

⑯跳踉：跳跃。

⑰㘄（hǎn）：吼叫。

画蛇添足

楚国有一个官员大年底在家里祭祀祖先，祭祀完毕，就把一壶酒赏赐给随身伺候的几个仆人。

仆人们领到这一壶赏赐的酒，大家商量说："酒倒是好酒，可惜少了点。一个人喝很充足，几个人喝可就不过瘾了，这怎么办呢？"

内中有一个人说："我倒想了一办法：不如我们各人拿树枝在地上画蛇，谁先画好谁就喝酒。"

大家都说："对对对，就这么办。"

于是各人在树上折取了一段枯枝，蹲在地上画起蛇来。

有一个人先画好，看别的几个都还在那里画，他心想："反正有的是时间，我不如给这蛇添画上几只足，也显我的本领。"他就又拿起树枝来，给蛇画足。

他的蛇足还没有画好，另一个人的蛇已经画好了。那人丢了树枝，便说："我的蛇先画好，该我喝酒！"说着，取过那壶酒，便要喝下去。

画蛇足的人赶紧立起身子来，去夺他手里那壶酒，说："慢着，慢着，你没见我比你还先画好吗？我这是在替蛇添画几只足呀！"

那人用手拦住他，说："你说什么——替蛇画足？蛇本来没有足，你怎么能够替它画足呢？亏你还有脸来抢酒吃！"

画蛇足的人这时才如梦方醒，恍然大悟，知道自己做了傻事，只得眼睁睁地望着伙伴把那一壶酒咕噜噜地喝下肚子。

成语典故

画蛇添足

　　楚有祠①者，赐其舍人②卮③酒，舍人相谓曰："数人饮之不足，一人饮之有余，请画地为蛇，先成者饮酒。"一人蛇先成，引酒且饮之，乃左手持卮，右手画蛇，曰："吾能为之足。"未成，一人之蛇成，夺其卮曰："蛇固无足，子安能为之足?"遂饮其酒。为蛇足者，终亡其酒。

——〔汉〕刘向编订《战国策·齐策二》

注释

　　①祠：祭祀。

　　②舍人：达官贵族家里的门客。

　　③卮：古代一种盛酒的器皿。

自相矛盾

一个人在街头卖矛和盾，一群人围绕着他，听他吹牛。

他先从地上拿起一面盾来，向众人夸口说："大家看我这盾呀，真是非比寻常的盾，它坚固得任你什么锋利的东西都刺它不破。"

说完又从地上拿起一支矛来，照样向众人夸口说："大家再看我这矛呀，更是世间稀有的矛，它锋利得任你什么坚固的东西都能刺破……"

还没有等他说完，有一个围观者就冷冷地插话："既是这样，那好吧，就请你用你的矛刺刺你的盾，看是怎样的结果吧。"

手里拿着兵器的吹牛家听了这话，就只好瞪着眼睛发呆了。他当然不敢真去试，因为他知道，他这两件宝贝武器一旦对决，总有一件是要受到损坏的。

成语典故

自相矛盾

楚人有鬻①盾与矛者，誉②之曰："吾盾之坚，物莫能陷也。"又誉其矛曰："吾矛之利，于物无不陷③也。"或④曰："以子之矛陷子之盾，何如？"其人弗⑤能应也。夫不可陷之盾与无不陷之矛，不可同世而立。

——〔战国〕韩非《韩非子·难一》

注释

①鬻：出售。

②誉：夸耀。

③陷：刺破。

④或：有人。

⑤弗：不。

自相矛盾

一个人在街头卖矛和盾，一群人围晓着他听他吹牛。

他先从地上拿起一面盾来，向众人夸口说：

"大家看我这盾呀，真是非比寻常的盾，它坚固得任你什么锋利的东西都刺它不破。"

说完又从地上拿起一枝矛来，照样夸口向众人说：

"大家再看我这矛呀，更是世间稀有的矛，它锋利得任你什么坚固的东西都能刺破。——"

还没有等他说完，人群中有一个人就冷冷地这么向他说：

"既是这样，那好吧，就请你用你的矛，试去刺刺你的盾，看是怎样的结果吧。"

手里拿着兵器的吹牛家，听了这话，就只好瞪着一对眼睛发呆了。他当然不敢真个去这么试一试的，因为他知道，他这两件宝贝武器在斗争当中，总有一件是要受挫的。

——《韩非子》。

◎袁珂手稿（自相矛盾）

滥竽充数

齐宣王非常喜欢听吹竽。竽是笙一类的乐器，由许多细长的竹管参差不齐地排列起来，插在半截葫芦里面，像凤鸟的尾巴；吹奏时声音清扬婉转，非常好听。齐宣王听吹竽，一次就得 300 个人同时吹奏给他听，才觉得满意。

齐国有一个贫穷的读书人，叫南郭处士，穷得没办法了，就跑到齐宣王那里去自告奋勇地请求为他吹竽。齐宣王也不考察虚实，马上就答应了，便叫他和吹竽的乐队住在一起，给了他一份公粮养家。

南郭处士对于吹竽可以说完全是外行，不过想借它为名混碗饭吃。好在吹竽的人很多，每当吹竽的时候，南郭处士混在人堆里面，腮帮子一鼓一鼓，手指头按上按下，装出吹得很起劲的样子，居然瞒过了宣王和宾客们的耳目，谁也没有觉察到他在里面做假。

这样，他吃那份公粮，安安稳稳地吃了好些年。

可是，不幸的一天终于来到了。

宣王年老得病死了，他的儿子湣王即位做了国君。湣王也喜欢听吹竽，但是湣王的趣味又和宣王稍微不同：他喜欢听每个人单独吹奏，不大喜欢听很多人合在一起吹奏。这么一来，南郭处士就起了恐慌：他固然留恋那份公粮，可是更怕单独吹奏会露出马脚。想来想去，终于在一天晚上，他只好忍痛牺牲了那份公粮，偷偷溜出宫廷，逃到远方去了。

成语典故

滥竽充数

齐宣王使人吹竽，必三百人。南郭处士①请为王吹竽，宣王说②之，廪食③以数百人。宣王死，湣王立，好④一一听之，处士逃。

—— 〔战国〕韩非《韩非子·内储说上》

注释

①南郭：郭指外城墙，南郭指南城。处士：古代称有学问、有品德而没有做官的人为处士，相当于"先生"。

②说：通"悦"，喜欢。

③廪：粮仓。食：给东西吃。

④好：喜欢，爱好。

刻舟求剑

楚国有一个人，坐渡船过江。

船开没多久，不知道怎么一来，这人一个不小心，把挂在腰间的宝剑弄丢到水里去了。

他慌慌张张地站起身来，从怀里抽出一把小刀，就在宝剑坠落处的船舷上刻画了一道记印。

同船的人看见他这种举动很是奇怪，问他这是干什么。

他气呼呼地指着船舷上的记印说："干什么——我的宝剑是从这里掉下水的，我刻一道记印在这里，等会儿船靠岸的时候，我好从这里跳下水去找我的宝剑呀！"

一船的人听见他这么说，都哈哈大笑。

他愣愣地看着笑他的众人。

船在江心里继续行进着……

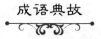

成语典故

刻舟求剑

楚人有涉①江者，其剑自舟中坠于水，遽②契③其舟曰："是吾剑之所从坠。"舟止，从其所契者入水求之。舟已行矣，而剑不行，求剑若此，不亦惑乎？

—— 〔战国〕吕不韦等《吕氏春秋·察今篇》

注释

①涉：跋涉，渡过江河。

②遽：急遽，立刻。

③契：用刀子雕刻。

刻舟求剑

楚国有一个人，坐渡船过江去。

开船没多久，不知道怎么一来，这人一个不小心，把挂在腰间的宝剑弄丢到水里面去了。

他慌慌张张地站起身来，从怀里抽出一把小刀子，就在宝剑坠落地方的船舷上刻画了一道记印。

同船的人看见他这种举动，很是奇怪，问他这是干什么。

他气呼呼地指着船舷上的记印说：

"干什么，——我的宝剑是从这里掉下水去的，我刻一道记印在这里，等会儿船靠岸的时候，我好从这里跳下水去找我的宝剑呀！"

一船的人听见他这么说，都哈哈大笑了。

他楞着眼睛看着笑他的众人。

船在江心里继续开行着……

——"吕氏春秋"。

◎袁珂手稿（刻舟求剑）

拔苗助长

秧苗在田地里生长着，映着晴亮的太阳光，绿芊芊地连成一片，好像绒毡。

性急的农人走到田间，察看他的秧苗生长情况，嘴里不满意地咕噜着："还是这么点点高，和昨天的光景简直差不多……"

说着又看了看附近田里邻居们的秧苗，把它们比较了一下，不满的情绪在他心里滋长得更厉害了。

"别人家的秧苗都要生长得快些……"他这么想。又转念一想："好吧，既然你们不肯生长，那我就来帮助你们生长……"

于是他就蹲下身来，把自己田里的秧苗一棵棵都往上拔，使它们看起来都长得高一些。他做这种辛苦的工作做了老大半天，肚子饿得咕咕叫，手和臂膀也痛了，才忙完一小块田地。

他站起身来，觉得头晕眼花。定了定神，他看了一看自己的工作成绩：果然比附近田里的秧苗都显得要高些了。于是他满意地笑笑，提起沉重的腿，走回家去。

一进门他就向他的儿子说："儿呀，我累着了，可是我真高兴，我今天帮助秧苗生长了！"

"爹，您说什么？"儿子莫名其妙。

"蠢东西，还没听明白！我说我今天帮助秧苗生长了，我把它们一棵棵地往上拔，使它们都长高了。"

"唉，糟了！爹，您……"

话没说完，儿子就着急地跑出门去，一口气跑到自家的田地里，看到那些被拔过的秧苗——都枯死了。

成语典故

拔苗助长

宋人有闵^①其苗之不长^②而揠^③之者，芒芒然^④归，谓^⑤其人^⑥曰："今日病^⑦矣！予助苗长矣！"其子趋^⑧而往视之，苗则槁^⑨矣。天下之不助苗长者寡^⑩矣。以为无益而舍之者，不耘苗者也；助之长者，揠苗者也——非徒^⑪无益，而又害之。

——〔战国〕孟轲《孟子·公孙丑上》

注释

①闵：同"悯"，担心，忧虑。

②长：生长，成长。

③揠：拔。

④芒芒然：露出疲惫但十分满足的样子。

⑤谓：对……说。

⑥其人：他家里的人。

⑦病：疲劳，困苦，精疲力尽。

⑧趋：快步走。

⑨槁：草木干枯，枯萎。

⑩寡：少。

⑪非徒：非但。徒，只是。

鹬蚌相争

早晨的太阳升起来了，一只大蚌张开了它的壳，在易水边上晒太阳。

一只鹬打从易水上飞过，看见晒太阳的大蚌露出它肥白的肉，心想这是难得碰到的好食物，便翩然飞下，用它那细长而坚硬的喙一下子啄住了大蚌的肉。

大蚌受到这出乎意料的攻击，又是疼痛，又是愤怒，猛地把两爿壳一合，便钳住了鹬的喙。

"你松开!"鹬说。

"你松开!"蚌说。

"我偏不松!"鹬嘴喙子把蚌的肉啄得牢牢的。

"我也偏不松!"蚌两爿壳把鹬的喙也钳得紧紧的。

"那好吧!"鹬凶狠狠地说，"我看只要今天不下雨，明天也不下雨，不消三五天，准就会有一只死蚌!"

"怕你?!"蚌也凶狠狠地说，"哼，只要今天我不放你出去，明天也不放你出去，不消三五天，准就会有一只死鹬。"

就这样，鹬和蚌彼此赌气，争执不休，鹬把蚌的肉啄得更牢，蚌把鹬的喙也钳得更紧。

双方正在相持不下的时候，江边上来了一个渔翁，一见这光景，欢喜得眉开眼笑。渔翁说："不要吵了，来吧来吧，让我带你们到个好地方去吧。"三步两步跑过来，一手捉住鹬的颈子，一手抓住蚌的背壳，把它们一同塞进背上背的一个大笆篓里，快乐而逍遥地，一路唱着歌儿，走向市场。

成语典故

鹬蚌相争

赵且伐燕，苏代为燕谓惠王曰："今者臣来，过易水，蚌方出曝①，而鹬②啄其肉，蚌合而拑其喙③。鹬曰：'今日不雨④，明日不雨，即有死蚌！'蚌亦谓鹬曰：'今日不出，明日不出，即有死鹬！'两者不肯相舍⑤，渔者得而并禽⑥之。今赵且伐燕，燕赵久相支以弊大众，臣恐强秦之为渔夫也，故愿王之熟计之也！"惠王曰："善。"乃止。

—— 〔汉〕刘向编订《战国策·燕策二》

注释

①蚌：贝类，有两个椭圆形介壳，可以开闭。曝：晒。

②鹬：一种水鸟，羽毛呈茶褐色，嘴和腿都细长，常在浅水捕食小鱼、昆虫、河蚌等。拑：同"钳"，把东西夹住。喙：专指鸟兽的嘴。

④雨：下雨。

⑤相舍：互相放弃。

⑥禽：同"擒"，捕捉，抓住。

两败俱伤

卞庄子是春秋时鲁国的勇士。有一次出门旅行，住在山脚下一家小旅店里。他早晨起身，正在梳洗，忽然听见外面人声鼎沸："老虎下山了！老虎吃牛来了！"

卞庄子赶忙拔出腰间的宝剑，出门一看，果然看见两只斑斓大老虎正在田野里争搏一头牛。

卞庄子一见这光景，提了宝剑，正准备过去刺杀这两只老虎，旅馆里一个小孩子赶上前来，一把拉住他的衣袖说："叔叔，别忙，您听我说。"

"什么？"

"您不是看见这两只老虎正在那里打架吗？您就让它们打下去好了。相打的结果，那力气小一点的老虎准就会被打死，力气大点的不死也会受重伤。那时您再上前去刺杀这只受伤的老虎，就可以不必费多大事，同时得到两只老虎了。"

卞庄子听了小孩子的话，就停下脚步，站在那里看两只老虎打架。相打的结果，正如小孩子所预料，是一死一伤。卞庄子跑上前去刺杀了那只受伤的老虎，果然没有费多大事，就同时得到了两只老虎。

卞庄子的勇武固然叫人佩服，那个小孩子的聪明智慧更是值得称赞。

成语典故

两败俱伤

庄子①欲刺虎，馆竖子②止之，曰："两虎方且食牛，食甘必争，争则必斗，斗则大者伤，小者死，从伤而刺之，一举必有双虎之名。"卞庄子以为然，立须③之。有顷，两虎果斗，大者伤，小者死。庄子从伤者而刺之，一举果有双虎之功。

——〔汉〕司马迁《史记·张仪列传》

注释

①庄子：此指卞庄子，春秋时鲁国的勇士。

②馆竖子：旅馆的童仆。

③须：等待。

买椟还珠

楚国有一个商人有一回带了一些珍珠到郑国去卖。

为了使珍珠显得名贵而不同寻常，他特地替它们做了一只很精致很美丽的匣子。

他这匣子是用芳香的木兰做成，四面精细地雕刻着飞禽走兽、花草人物，又给髹上一层紫黑光亮的上等漆，再嵌上一些细小的珍珠、玛瑙、碧玉做装饰。这还不够，又拿桂花、花椒等植物焙干了装在里面，通体熏过，使它发出一种奇妙的幽香。又采撷了些玫瑰花儿，拿了些翠鸟的羽毛来点缀在它的四周——这么一来，这只装珍珠的匣子就精美绝伦、并世无双了。

于是楚国的商人把珍珠放在匣子里面，兴致勃勃地带到郑国去贩卖。

他到了郑国，郑国的人一见他这装珍珠的匣子都交口称赞，非常喜欢，愿意出钱买他这只匣子，对于匣子里面装的那些他想卖的珍珠呢反而看得平平常常，连问都没有人来问。

最后，有一个郑国的富豪出了一笔大价钱，向他买这只装珍珠的匣子。楚国的商人因为长久没有开张，盘费又快用尽了，只得把匣子卖给他，而把匣子里卖不掉的珍珠另用一个小布口袋盛着，无精打采地回国去了。

成语典故

买椟还珠

楚人有卖其珠于郑者，为木兰之柜[①]，薰以桂椒[②]，缀以珠玉，饰以玫瑰③，辑④以羽翠，郑人买其椟⑤而还其珠。此可谓善卖椟矣，未可谓善鬻珠也。

——〔战国〕韩非《韩非子·外储说左上》

注释

①木兰：一种高级木料。柜：这里指小盒。

②桂椒：香料。

③玫瑰：一种美丽的玉石。

④辑：装饰边沿。

⑤椟：小盒。

东施效颦

西施和东施同住在一个村子里。

西施是天下闻名的美女，她自小有一种心痛的病症。心痛起来的时候，她就忍不住要用两手捧着胸口，微微皱着她的眉头。这么一来，本来是很美的她，看起来就更加美了。

东施是一个很丑陋的女子，她一心要想使自己美丽。她看见西施捧心皱眉的模样儿很不错，人们也都认为不错，她就以为找到了使自己美丽的诀窍。她的身体本来很健康，好好儿的，什么病都没有，可是为了要使自己美丽，她竟去摹仿西施，用两手捧着胸口，紧紧地皱着眉头，仿佛她也有心痛病，而且作出痛楚不堪的模样。

她本来就很丑陋，这么一装模作样，就更加丑陋了，以致据说村子里财东们一见她来了都吓得赶紧躲进屋子去，紧紧闭上大门，不敢出来；穷汉们没地方可躲，只有拎上铺盖逃奔到他乡去。这结果可说是她先前一点也没有预料到的。

成语典故

东施效颦

西施①病心②而颦③其里④，其里之丑人见之而美之，归亦捧心而颦其里。其里之富人见之，坚闭门而不出；贫人见之，挈⑤妻子而去⑥走。彼知颦美，而不知颦之所以美。

——〔战国〕庄周《庄子·天运》

注释

①西施：越国的美女。

②病心：心口痛。

③颦：皱眉头。

④里：乡里。

⑤挈：带领。

⑥去：躲开，避开。

老马识途

春秋时齐桓公带领兵马去征伐孤竹国，管仲和他一道去。这支兵马春天出发，一直到冬天才往回走，走到中途不幸迷失了道路，再也不能往前走了。

齐桓公焦急地问管仲："怎么办呢?"

管仲说："我听说老马很有智慧，能够认得道路。现在且把一些老马放到队伍前面去，让它们给我们带路试试看吧。"

桓公听了管仲的话，真个把一些老马放在队伍前面，随它们往哪里走，军队就跟他们走到哪里。不久，军队跟着老马果然走上了正路，平安地回到了本国。

成语典故

老马识途

管仲、隰朋①从桓公而伐孤竹②，春往冬反③，迷惑失道。管仲曰："老马之智可用也。"乃放④老马而随之，遂得道⑤。行山中无水，隰朋曰："蚁冬居山之阳，夏居山之阴，蚁壤寸而有水。"乃掘地，遂得水。以管仲之圣而隰朋之智，至其所不知，不难师于老马与蚁。今人不知以其愚心而师圣人之智，不亦过乎!

——〔战国〕韩非《韩非子·说林上》

注释

①管仲、隰朋：春秋时期辅佐齐桓公的大臣。

②孤竹：商周时期的一个小国。

③反：通"返"，返回。

④放：放开，解脱羁绊让老马自己随便走。

⑤得道：找到道路。

老马识途

春秋时候齐桓公带领兵马去征伐孤竹国，管仲和他一道去。这支兵马春天出发，一直到冬天才回来，不幸走到中途迷失了道路，再也不能往前走了。

齐桓公焦急地问他的臣子管仲："怎么办呢？"

管仲说："我听说老马很有慧，能够认得道路，现在且把一些老马放到前面去，让牠们给我们带路试试看吧。"

桓公听了管仲的话，真个把一些老马放到前面去，随牠们往那里走，军队就跟牠们走到那里。后来不久，军队跟着老马果然走上了正路，平安地回到了本国。

——《韩非子》

◎袁珂手稿《老马识途》

朝三暮四

　　从前宋国的国君喜欢猴子，在宫廷里养了一群猴子，叫一个专门养猴子、深通猴性的老汉管理着。

　　这老汉每天从宫廷总管的手上领来 7 升橡栗做猴子们的食粮：早晨给它们吃 3 升，晚上给吃 4 升。猴子们嫌食物太少，大家都不乐意，叽叽咕咕，口出怨言，并且还把钵子摔坏，把水盆掀翻，表示它们对于这件事情很有意见。

　　老汉看见猴子们发脾气，想给他们增加点食物，可是长官又不批准。他想来想去，只得把食物分配的方法略微改变一下：早晨给它们吃 4 升，晚上给吃 3 升，总共还是 7 升。可是这么一来，愚蠢的猴子们却都认为和以往大不相同了，非常满意，一个个吃得欢天喜地，再也不调皮捣蛋了。

成语典故

朝三暮四

　　宋有狙公者，爱狙①；养之成群，能解狙之意；狙亦得②公之心③。损其家口④。充狙之欲⑤。俄而⑥匮⑦焉，将限⑧其食。恐众狙之不驯⑨于己也，先诳⑩之曰："与若芧⑪，朝三而暮四，足⑫乎？"众狙皆起而怒。俄而曰："与若芧，朝四而暮三，足乎？"众狙皆伏而喜。

—— 〔战国〕列御寇《列子·黄帝》

注释

①狙：猴子。

②得：懂得。

③心：心意。

④口：口粮。

⑤欲：欲望，要求。

⑥俄而：一会儿，不久。

⑦匮：不够。

⑧限：减少。

⑨驯：驯服，顺从，听从。

⑩诳：欺骗，瞒哄。

⑪芧（xù）：橡栗，一种粮食。

⑫足：够。

嗟来之食

齐国有一年遭了大旱灾，闹起饥荒来。人民生活困难，都饿着肚子。

有个心眼还算好的财主，叫做黔敖的，看见大家没吃的，心里过不去，便煮了一大锅粥，放在大路的旁边，等饿肚子的人来，施给他们粥吃。

来了很多饿汉，大家手里捧着碗，稀里呼噜地喝着粥，都感激黔敖的好意。

有一个饿汉，跋了一双破草鞋，用两只破布袖遮掩着肩头，昏昏沉沉、歪歪倒倒地从大路那边走了过来。

黔敖看见他走过来，便用勺子敲着饭锅，喊道："喂——来吃啊！"

那饿汉张开他一双昏花的眼望了望黔敖，鄙夷地笑笑，说道："财东，我正因为不吃像你这样喊我'喂——来吃啊'的饭食，才弄到今天这个地步……算了吧！"

黔敖知道自己说错了话，赶紧走上前，向那人道歉。那人摇摇头，始终不肯吃。但他也没有力气再往前走了，便在路旁附近一株干枯的小树下面坐着，闭上眼睛，不说话，也不动作。黔敖再三劝他吃，他只是不理，后来竟这样活活地饿死了。

成语典故

嗟来之食

齐大饥①。黔敖②为食于路，以待饿者而食之。有饿者蒙袂辑屦③，贸贸然④来。黔敖左奉⑤食，右执⑥饮，曰："嗟⑦！来食！"扬其目而视之，曰："予唯不食嗟来之食，以至于斯⑦也！"从而谢焉⑧。终不食而死。曾子闻之，曰："微与⑨！其嗟也可去⑩，其谢也可食。"

——《礼记·檀弓下》

注释

①饥：饥荒、饥馑。

②黔敖：齐国的一位富商。

③蒙袂：用衣袖蒙着脸。辑屦：身体沉重迈不开步子的样子。

④贸贸然：眼睛看不清而莽撞前行的样子。

⑤奉：同"捧"，端着。

⑥执：拿。

⑥嗟：语气词，喂，带有轻蔑意味的呼唤声。

⑦斯：这地步。

⑧从：跟随。谢：表示歉意。

⑨微与：微，不应当。与，表示感叹的语气词。

⑩去：离开。

杞人忧天

杞国有一个人突然生了一种忧郁病。他担心天有一天会坍塌下来，地有一天会崩裂成为碎片，生长在天和地当中的他将会找不着地方去安顿他宝贵的身体。因此他连饭也不想吃了，觉也睡不安稳了，整天愁眉苦脸，慌慌张张，难受得很。

有个朋友知道他无端得了这个怪病，自己也为这怪病所产生的怪思想感到烦心，便跑来安慰他说："你怎么这么想不开啊！天，不过是些气体的聚集，不管什么地方都充满着气体，我们的一举一动，一呼一吸，都生活在这种气体当中，这种气体原本是空空荡荡的，你怎么还担心它会坍塌呢？"

"照你这么说，"忧天的人反驳道，"天真要是气体的聚集，那么像太阳呀，月亮呀，以及那些数不尽的星星呀，为什么又能悬挂在上面，不掉下来呢？"

"唉，你还不知道——太阳、月亮和星星也都是气体①，它们不过是气体当中能够发光的罢了，即使掉下来也损伤不着我们的。"

"就依你说吧，可是地要是崩裂了又怎么办呢？"

"地不过是堆积的一大堆土块，这土块充满在四面八方，没有哪个地方没有土块②，我们每天都在土块上行走、奔跑、跳跃，你看它简直纹风不动，怎么你倒担忧它会崩裂呢？"

忧天的人一听这话，心里的疙瘩顿然解开，感觉一身轻松愉快了。

---

①② 这都是古人于天和地的观念，当然和今天科学的解释是有很大距离的。

来劝慰的朋友看见忧天的人轻松愉快，自己也轻松愉快了。

成语典故

杞人忧天

杞国有人忧天地崩坠①，身亡所寄②，废寝食者。又有忧彼之所忧者，因往晓③之，曰："天，积气耳，亡处亡气④。若屈伸⑤呼吸，终日在天中行止⑥，奈何忧崩坠乎？"其人曰："天果积气，日月星宿⑦，不当坠邪？"晓之者曰："日月星宿，亦积气中之有光耀者，只使坠，亦不能有所中伤⑧。"其人曰："奈地坏何？"晓之者曰："地积块耳⑨，充塞四虚⑩，亡处亡块。若躇步跐蹈⑪，终日在地上行止，奈何忧其坏？"其人舍然⑫大喜，晓之者亦舍然大喜。

——〔战国〕列御寇《列子·天瑞》

注释

①崩坠：崩塌，坠落。

②身亡所寄：没有地方存身。亡，同"无"。寄，依附，依托。

③晓：开导。

④亡处亡气：没有一处没有气。

⑤屈伸：身体四肢的活动。

⑥行止：行动和停留。

⑦星宿：泛指星辰。

⑧中伤：伤害。

⑨地积块耳：大地是土块堆积成的罢了。

⑩四虚：四方。

⑪躇步跐（cǐ）蹈：泛指人的站立行走。躇，立。步，走。跐，踩。蹈，踏。

⑫舍然：释然，放心的样子。

盲人瞎马

东晋时，大将军桓温、中军殷浩和画家顾恺之几个人同坐在一起谈天，谈了一会儿，话题似乎都已经谈尽了，就有人建议道："我们不如试着各说一句话描写最危险的事，看谁说得最好。"在座的人都赞成了。就由桓温先说。

桓温说："矛头淅米剑头炊。"

殷浩说："不好，听我的：百岁老翁攀枯枝。"

顾恺之接着说："也不好，听我的：井上辘轳卧婴儿。"

殷浩有一个参军也叨陪末座，看见大家说得起劲，这时忍不住，冲口而出："盲人骑瞎马，夜半临深池。"

他这两句话说得真是精彩非常，把那危险的情景一层深似一层地描写出来了。又是盲人，又是瞎马，时间又在夜半，到临的地方又是深池——谁听了这两句话都会吓出一身冷汗。在座的人都吃惊，吃惊得最厉害的是他的顶头上司殷浩。殷浩口里连呼"咄咄"，说道："啊，真危险呀！可是你也未免逼人太甚了！"

原来殷浩是个独眼，参军一时得意忘形，说得高兴，没留心到"盲人瞎马"这类的话差一点就要骂到他的顶头上司身上去了。

成语典故

盲人瞎马

桓南郡与殷荆州语次[①]，因共作了语[②]。顾恺之曰："火烧平原无遗燎③。"桓曰："白布缠棺竖旒旐④。"殷曰："投鱼深渊放飞鸟。"次复作危语⑤。桓曰："矛头淅米剑头炊⑥。"殷曰："百岁老翁攀枯枝。"顾曰："井上辘轳卧婴儿。"殷有一参军在坐，云："盲人骑瞎马，夜半临深池。"殷曰："咄咄逼人⑦！"仲堪眇目⑧故也。

——〔南朝宋〕刘义庆《世说新语·排调》

注释

①语次：谈话之间。

②了语：一种语言游戏，说出了结之事。

③遗燎：余火，剩下的火种。

④旒旐（liú zhào）：招魂幡，出殡时在棺材前引路的旗子。

⑤危语：举出危险之事的话。

⑥淅（xī）米：淘米。

⑦咄咄逼人：惊叹给人以威胁。形容出语伤人。

⑧眇目：瞎了一只眼睛。

望梅解渴

有一次正当暑热炎天，曹操为了作战，带领了一支兵马在路上行军。不知怎么，把汲水的地方错过了，兵士们行走了老大半天，没得到一滴水喝，口渴得难受极了，人困马乏，大家都有怨言。

曹操骑在马上，看见这种光景，心里也很着急，怕行军迟缓，贻误战机，损失更大。聪明机警的曹操把眉头略微皱了一皱，忽然装出一副高兴的脸色，用鞭梢指着前面说道："孩儿们，不要抱怨了，前面不远的地方就是一座大梅林，梅子多极啦，甜而且酸，可以尽你们吃个饱足。"

兵士们一听见这么说，想到那酸溜溜的梅子，马上嘴里唾液津津，精神抖擞，脚步自然便加快了。趁着一股重新奋振起来的锐气，大家一走就走了好多里地，那幻想中的梅林虽然没有找到，却找到了一处清凉的水泉，给大家解除了口渴。

成语典故

望梅解渴

魏武①行役②，失汲道③，军皆渴，乃令曰："前有大梅林，饶④子，甘酸可以解渴。"士卒闻之，口皆出水⑤，乘此得及前源。

——〔南朝宋〕刘义庆《世说新语·假谲》

注释

①魏武：指曹操。曹丕代汉建立魏国后，追尊他为魏武帝。

②行役：带有任务而跋涉路途，这里指部队行军。

③失汲道：找不到取水的途径。

④饶：多，丰富。

⑤出水：流出涎水。

望梅解渴

　　有一次，正当暑热炎天，曹操为了去参加某个战役，带领了一支兵马在路上行军。不知怎样一来，把汲水的地方错过了，兵士们行走了老大半天，没得到一滴水喝，口渴得难受极了，人困马乏，大家都有怨言。

　　曹操骑在马上，看见这种光景，心里也很着急，怕行军迟缓，贻误戎机，给战争带来严重损失。聪明机警的曹操把眉头皱皱微皱了一皱，忽然装出一副高兴的脸色，用鞭梢指着前面说道：

　　"孩兄们，不要发怨了，前面不远的地方，就是一座大梅林，梅子多极啦，甜而且酸，可以任你们吃个饱足。"

　　兵士们一听见这么说，想到那酸溜溜的梅子，马上嘴里唾液津津，全身精神抖擞，脚下步子自然便加快了。来着一股重新奋振起来的锐气，一走就走了好多里，那幻想中的梅林虽然没有找到，却终于找到了一处清凉的水泉，给大家解除了口渴。

　　——《世说新语》。

◎袁珂手稿（望梅解渴）

守株待兔

宋国有个农夫赤着一双足，脸上流着汗，正手扶着犁把，吆喝着牛在耕田。

一只棕黄色的野兔突然从田边杂草丛中蹿了出来，因为跑得急，跑到一株小树前面，没有来得及躲避开，就一头向着树身撞去，一下子折断了颈，登时就倒在地上，抽搐了两下，死了。

农夫眼见这种奇景，竟看得出了神。他就丢了犁头，走过去把死兔子拾起来，提着它的耳朵，左看右看，心里盘算着："这兔子，倒值得好几个钱哩！万不想在这株小树下面竟有自己找死的兔子来碰上去。耕田这么辛苦，倒不如就守在这树旁边，等兔子自己来找死的好。"

主意打定，从此以后他果然就不去耕田了，每天只衔着烟袋，静静地守候在小树的旁边，等野兔自己来找死。

一天、两天过去了，一月、两月也过去了，他就这么一直等了好几个月。等得眼看别人的田里麦苗一片金黄，自己的田里长满了杂草，还没等到第二只跑到这树下来找死的野兔子，而他本人已经成了全国人的嘲笑对象了。

成语典故

守株待兔

宋人有耕者，田中有株，兔走触株^①，折^②颈而死；因释^③其耒而守株，冀④复⑤得兔。兔不可复得，而身⑥为宋国笑。今欲以先王之政，治当世之民，皆守株之类也。

——〔战国〕韩非《韩非子·五蠹》

注释

①走：跑。触：撞到。

②折：折断。

③释：放，放下。

④冀：希望。

⑤复：又，再。

⑥身：自己。

覆巢之下无完卵

孔融是汉末一个贤士，深为曹操所忌恨，常想借故把他捉来杀掉。

有一次，机会终于到了，曹操就派遣了一个使者，带领了许多人马，到孔融家里去逮捕他。

这时候，孔融的两个孩子——大的一个才9岁，小的一个才8岁——正在庭院的阶沿上拿了石头和竹钉东敲敲西打打做游戏；看见使者带领人马来了竟一点也不觉得害怕，仍旧玩耍他们的。

倒是孔融见儿子们天真烂漫、不懂世故，心里难过，不禁悲哀地向使者求情道："我孔融有罪，希望由我一个人来承当，不要连累到无辜的孩子，求你高抬贵手，放过他们吧。"

"不行！"使者说，"我是奉令来逮捕你全家的，哪可单单放过小孩子呢？"

孔融实在不忍心眼看儿子们遭这场祸难，又再三向使者恳求，使者只是不应允。

这时做游戏的两个孩子走到他们爹爹的身边，仰起脸来说："爹爹，不要再恳求了吧，恳求也是没用的；哪里见过落在地上的窠巢里面还有完好的蛋呢？"

刚说完这话，外面又来了第二批逮捕人的公差，连呼"定要捉拿全家，不能放走一个"。孔融知道他的聪明儿子话说得不错，就不再向这些家伙作无益的恳求，只把两个儿子揽过来紧紧靠着自己的身子，用手掌抚摸着他们的头顶，眼泪却像断线珍珠般地从脸颊边无声地往下掉……

成语典故

覆巢之下无完卵

孔融被收①，中外②惶怖。时融儿大者九岁，小者八岁。二儿故琢钉③戏，了无遽容。融谓使者曰："冀罪止于身④，二儿可得全不⑤?"儿徐进曰："大人岂见覆巢之下，复有完卵乎!"寻⑥亦收至。

——〔南朝宋〕刘义庆《世说新语·言语》

注释

①孔融被收：建安十三年（208年），孔融因触怒曹操被捕，坐弃市（被判死刑）。

②中外：指朝廷内外。

③琢钉：古时一种儿童游戏。

④冀罪止于身：希望罪责仅限于自己一身，不涉及家属。

⑤不：同"否"。

⑥寻：不久。

指鹿为马

秦始皇死了，他的儿子胡亥在奸臣赵高的帮助之下，阴谋害死了哥哥扶苏，自己做了皇帝，叫做"秦二世"。

赵高本人做了二世的丞相。只因帮助二世做皇帝有功，他就非常骄傲自大，把二世全不放在眼里，并且还野心勃勃，想废去二世，自己登上皇帝的宝座。

要废去二世自然并不难，只是恐怕朝廷上文武百官心里不服，以后就是做了皇帝，位子也坐不稳。为了分辨文武百官是否顺从他，赵高就想出了一个法子来考验他们。

有一天，赵高亲自牵了一头鹿到朝堂上来，献给二世，说："这是一匹难得的好马，我特地寻求了来献给陛下。"

二世瞧着鹿笑了起来，说："丞相你莫非弄错了？这明明是一头鹿，为什么说是一匹马呢？"

"这就是一匹马呀！"赵高说，"陛下要是不相信，问问文武百官就知道了。"

二世果然问文武百官是鹿还是马。

殿堂上文武百官害怕丞相赵高的权势，不敢说真话，大家你看我，我看你，沉默了好一会儿。有些人为要巴结赵高，竟厚颜无耻地大声说："是马，果然是一匹好马！"

也有两三个比较正直的人说："是鹿，明明是一头鹿！"

赵高用凶恶的眼神瞪了瞪那两三个说是鹿的人，记在心里，后来就借着事由把他们杀掉了。从此以后，满朝堂都是顺从赵高的人，赵高的威权和气焰更高涨了。

成语典故

指鹿为马

赵高欲为乱[1]，恐群臣不听，乃先设验[2]，持鹿献于二世[3]，曰："马也。"二世笑曰："丞相误邪？谓鹿为马。"问左右[4]，左右或默，或言马以阿顺[5]赵高。或言鹿者，高因阴中诸言鹿者以法[6]。后群臣皆畏高。

—— 〔汉〕司马迁《史记·秦始皇本纪》

注释

①乱：叛乱，此处指篡权。

②设验：设法试探。

③二世：指秦二世皇帝胡亥。

④左右：身边的人。

⑤阿顺：阿谀奉承。

⑥阴中诸言鹿者以法：暗地里假借法律惩处那些直说是鹿的人。阴，暗中。

杯弓蛇影

晋朝有一个名士叫乐广的，他家有一个平时来往密切的客人，自从上一次来过以后，很久都没有再来了，乐广觉得有些奇怪。

有一天，乐广在别处见着这个客人，便问他为什么很久不来玩。

那客人说："不瞒您说，那天在府上承蒙招待喝酒，刚端起酒杯来要喝，忽然看见酒杯里有一条小蛇，弯弯扭扭，一晃一荡的，心里实在害怕，一回去就闹下一场病，直到今天还没有痊愈。"

乐广看他那黄焦焦的脸色，和说话时闷恹恹的声音，也就信以为真，只是心里疑惑，不明白为什么杯子里会有蛇，便问他："您那天喝酒是坐在什么地方喝的？"

客人答道："坐在大厅的左角。"

乐广想了一想，恍然大悟，微笑着向客人说："明天还请您来小饮几杯吧。明天您来，便什么都明白了。"

客人听了这话，半信半疑，第二天勉强抱病去赴宴会。

乐广请他照原样坐在大厅的左角，在他的酒杯里斟上酒。

乐广说："请您看看酒杯里有没有什么东西。"

客人端起酒杯来看了一看，便惊慌地喊道："蛇！蛇！"

乐广说："请再看看您身子后面有什么东西？"

客人回头一看，原来壁柱上挂了一张弓，弓背上画了一条蛇，酒杯里的蛇就是弓背上画的蛇映下来的。

乐广笑着说："明白了吧？"

客人舒了一口气，说："明白了，谢谢您。"

客人一回去，病马上就痊愈了。

成语典故

杯弓蛇影

乐广①字彦辅……累迁侍中、河南尹……尝有亲客②，久阔③不复来，广问其故，答曰："前在坐，蒙④赐酒，方欲饮，见杯中有蛇，意甚恶之⑤，既饮而疾⑥。"于时⑦河南⑧听事⑨壁上有角⑩，漆画作蛇⑪。广意⑫杯中蛇即角影也。复置酒于前处，谓客曰："酒中复有所见不⑬？"答曰："所见如初。"广乃告其所以⑭，客豁然⑮意解⑯，沉疴⑰顿愈。

——〔唐〕房玄龄等《晋书·乐广传》

注释

①乐广，河南淯阳人，与王衍同为西晋清谈领袖。

②亲客：关系密切的朋友。

③久阔：久别不见。阔，阔别，离别，疏远。

④蒙：受，承蒙。承人厚意，表示感谢时常用的谦词。

⑤意甚恶（wù）之：心里十分厌恶它。恶，讨厌，憎恨。

⑥疾：身体不舒适。

⑦于时：当时。

⑧河南：晋朝郡名，在今河南洛阳一带，是西晋首都所在。

⑨听事：官府办理政事的厅堂，亦作"厅事"。

⑩角：角弓，用牛角装饰的弓。

⑪漆画作蛇：用漆在弓上画了蛇。

⑫意：意料，想。

⑬不：同"否"，多用在表示疑问的句子末尾。

⑭所以：因由，原因。

⑮豁然：于此形容心怀舒畅。

⑯意解：心里的顾虑被打消。

⑰沉疴：久治不愈的病。疴，重病。

杯弓蛇影

晋朝时候有一个名士叫乐广的，他家有一个平时来往密切的客人，自从上一次来过以後，一直很久都没有来了，乐广觉得有些奇怪。

有一天，乐广在别处见着这个客人，便问他为什么很久不来玩。

那客人说：「不瞒您说，那天在府上承蒙招待喝酒，刚端起酒杯来要喝，忽然看见酒杯里有一条小蛇，弯弯扭扭，一晃一荡的，心里实在害怕，一回去就闹下一场病，直到今天还没有痊愈。」

乐广看他那黄焦焦的脸色，和说话时闷慨慨的声音，也就信以为真，只是心里疑惑，不明白为什么杯子里会有蛇便问他：

「您那天喝酒是坐在什么地方喝的？」

客人答道：「坐在大所的左角。」

乐广想了一想，恍然大悟，微笑着向客人说：

「明天还请您来小饮几杯吧，明天您来，便什么都明白了。」

◎袁珂手稿（杯弓蛇影）

螳螂捕蝉

夏天的早晨，柳树上一只蝉儿正在那里喝着清凉甜美的露水，并且放开歌喉唱出"知了知了"的欢乐的歌，全然没有觉察到在它身子后面的树叶上正埋伏着一只要想把它捉来当早点的螳螂。

那螳螂隐藏在树叶的后面，探头缩脑地偷觑着那蝉儿，它的两只长臂膊已经举起来了，蓄满了力，顷刻之间就要跳跃出去向着蝉儿这么一攫。螳螂自然也全然没有觉察到，在它身子后面的树枝上正窥伺着一只要想捉它来做食粮的黄雀。

那黄雀站在树枝上，歌也不唱了，舞也不跳了，目不转睛地看着螳螂，嘴喙子动了又动，顷刻之间就要飞扑下去向着螳螂这么一喙。黄雀自然也全然没有觉察到，在这棵柳树下面不远的地方，正有一个小孩子拿着一张弹弓，弹丸已经架在弓上，正对准着它做出要射击的样子。

没有让蝉儿喝够甜美的甘露，也没有让螳螂攫着蝉儿，更没有让黄雀捕着螳螂，只听得"当"的一声，弹丸从孩子的弓弦上发出，那黄雀就不声不响、像突然睡着一样地从柳树的枝叶间坠落下来，吓跑了螳螂和蝉儿。那孩子拾起地上重伤的黄雀，得意洋洋地走了。只剩下柳树梢还有一点点露水珠在发出嘲笑和叹息。

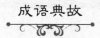

成语典故

螳螂捕蝉

吴王欲伐荆[①]，告其左右曰："敢有谏者[②]死！"舍人有少孺子[③]者欲谏不敢，则怀丸操弹④，游于后园，露沾其衣，如是者三旦⑤。吴王曰："子来，何苦沾衣如此?"对曰："园中有树，其上有蝉，蝉高居悲鸣饮露⑥，不知螳螂在其后也；螳螂委身曲附⑦欲取蝉，而不知黄雀在其傍⑧也；黄雀延⑨颈欲啄螳螂，而不知弹丸在其下也。此三者，皆务欲得其前利⑩，而不顾⑪其后之有患也。"吴王曰："善哉。"乃罢其兵。

——〔汉〕刘向《说苑·正谏》

注释

①吴王：指吴王阖闾。荆：指楚国。

②谏：规劝。以下劝上为谏。

③少孺子：年轻人。

④怀丸操弹：怀揣子弹，手拿弹弓。操，持、拿。

⑤三旦：三个早晨，三天。三，泛指多次。旦，早晨。

⑥悲鸣饮露：一边放声地叫着，一边吸饮着露水。

⑦委身曲附：缩着身子紧贴树枝，弯起了前肢。附即"跗"，脚背，这里代脚。

⑧傍：同"旁"，旁边。

⑨延：伸长。

⑩务欲得其前利：力求想要得到眼前的利益。务，一定，必须。

⑪顾：考虑。

多多益善

韩信是刘邦手下的一员大将，很会带兵。由于萧何的推荐，刘邦拜韩信做了元帅，叫他统领三军。韩信带领兵马替刘邦打了许多胜仗，帮助刘邦平定了天下。

刘邦做了皇帝以后，怕做楚王的韩信造反，便用计把他逮捕到洛阳来，贬他做了淮阴侯。

有一次，刘邦半开玩笑地问韩信说："你看像我这样的能带多少兵马？"

韩信实话实说："像您，我看最多不过能带十万兵马。"

"那么你呢？"

"我嘛，那是越多越好啊！"

刘邦听了，很不高兴，鼻孔里冷笑了一声，说："既然是越多越好，怎么你倒反而会被我捉住了呢？"

韩信心里感慨万分，自觉没话可说，只得勉强说："我不过只是会带兵罢了，哪像您除了带兵更会带将呢？"

成语典故

多多益善

上①常从容②与信③言诸将能不，各有差④。上问曰："如我能将⑤几何？"信曰："陛下不过能将十万。"上曰："于君何如？"曰："臣多多而益⑥善耳。"上笑曰："多多益善，何为为我禽⑦？"信曰："陛下不能将兵，而善将将，此乃信之所以为陛下禽也。且陛下所谓天授⑧，非人力也。"

——〔汉〕司马迁《史记·淮阴侯列传》

注释

①上：皇上，指汉高祖刘邦。

②常：通"尝"。从容：舒缓不迫貌。

③信：指韩信。

④差：差别。

⑤将：率领、统率。

⑥益：更加。

⑦禽：通"擒"，抓住，这里引申为控制。

⑧天授：天生的。

江郎才尽

有天晚上，诗人江淹做了一个奇怪的梦。

他梦见一个宽衣博带的男子，自称是那写《游仙诗》的郭璞，对他说："我有一支笔，借给你好些年了，现在请你还给我吧。"

江淹想了一想，似乎果然好多年前曾经借过这人一支笔，便说："是的，是的。"说时用手从怀里一摸，便摸出了一支毫光闪闪的五色笔来。江淹把这支笔还给了那个男子。那男子忽然不见了，江淹也就醒来了。

从此以后，说来也奇怪，江淹不论作诗作赋，再也写不出佳妙的句子来了。人们都说：这是江郎才尽了。

有些专靠"灵感"而没有生活源泉的写作的人，一旦"灵感"不来，也就会像江淹送还了别人的五色笔那样，终有"才尽"的一天。

成语典故

江郎才尽

淹少以文章显，晚节才思微退。云为宣城太守时罢归，始泊禅灵寺渚，夜梦一人自称张景阳，谓曰："前以一匹锦相寄，今可见还。"淹探怀中得数尺与之，此人大恚①曰："那得割截都尽。"顾见丘迟谓曰："余此数尺既无所用，以遗②君。"自尔淹文章蹇③矣。又尝宿于冶亭，梦一丈夫自称郭璞，谓淹曰："吾有笔在卿处多年，可以见还。"淹乃探怀中得五色笔一以授之。尔后为诗绝无美句，时人谓之才尽。

——〔唐〕李延寿《南史·江淹列传》

注释

①恚：恼恨；发怒。

②遗：赠送。

③踬：绊倒，事情不顺利，失败。

名落孙山

宋代有一个读书人，名叫孙山，人很聪明，性情却非常滑稽。

有一回，孙山和家乡的一个青年一道到省城赴考，因为孙山的年龄比较大些，这个青年的父亲便托孙山路上顺便照看照看他的儿子。

两人平安地到了省城，不久就参加考试。考试的结果，青年没有考取，孙山虽然考取了，也仅仅考在榜上最后一名。于是孙山就收拾行李回家乡。青年因为没考取不好意思回家，还在省城里逗留。

孙山回到家乡，青年的父亲见着孙山就着急地问："我的儿子考取了没有？"

孙山不好直接说他的儿子没有考取，便信口编了两句诗来回答他："解名尽处是孙山，贤郎更在孙山外。"

青年的父亲一听这两句诗，知道自己的儿子落了榜，只得叹口气，自个儿去了。

后来人们便把考试落榜叫做"名落孙山"。

成语典故

名落孙山

吴人孙山，滑稽①才子也。赴举②他郡，乡人托以子偕③往。乡人子失意④，山缀榜末⑤，先归。乡人问其子得失⑥，山曰："解名⑦尽处是孙山，贤郎⑧更在孙山外⑨。"

—— 〔宋〕范公偁《过庭录》

注释

①滑稽（gǔ jí）：古代盛酒器具，能不断往外溢酒。比喻能言善辩。

②赴举：赶去科举考试。

③偕：共同，一块儿。

④失意：指未录取。

⑤缀：写。榜末：录取名单的最后。

⑥得失：成功与失败。

⑦解名：古时候称乡试叫解试，乡试的第一名叫解元，解名就是解试榜上的名字。

⑧贤郎：指老乡的儿子。

⑨外：后面，犹言不取。

叩盘扪烛

从前有个盲人，是一生下来就失明了的，他什么都没有见过，当然也没有见过每天照耀我们的太阳。他很想知道太阳是什么样子，就去请教别人。有人告诉他说："太阳的形状是圆圆的，就像铜盘一样。"他听了这话，就去找来了一个铜盘，用手指头把那铜盘敲了一敲，铜盘发出"当当"的声音，他就点点头说："哦，我明白了。"

隔不多久，他听见庙里的和尚撞钟，也发出和铜盘一样的"当当"声，他就欢喜地告诉人说："听，太阳响起来了！"

人们好容易才忍住笑，告诉他："你弄错了，这不是太阳，这是钟。"

他不耐烦地问道："太阳究竟是什么样子呀？"

人们回答说："太阳嘛，它是光亮亮的，像蜡烛一样。"

他听了这话，就去找来了一支蜡烛，用手从上到下仔细地扪摸了一会儿，然后点点头说："哦，我明白了。"

隔不多久，人们带他去听了一次音乐会，演奏毕了，他怀着好奇心，去摸弄一下那些奇妙的乐器。摸呀摸的，忽然他摸到了一支笛子，那形状就像蜡烛，他一下子欢喜地跳了起来，喊道："打听了这么久，太阳原来在这里啊！"

有些对于事物认识不清的人，抬起半截就开跑，也正像这敲铜盘、摸蜡烛的盲人一样。

成语典故

叩盘扪烛

　　生而眇①者不识日，问之有目者。或告之曰："日之状如铜盘。"扣②盘而得其声，他日闻钟，以为日也。或告之曰："日之光如烛。"扪③烛而得其形，他日揣籥④，以为日也。日之与钟、籥，亦远矣，而眇者不知其异，以其未尝见而求之人也。

——〔宋〕苏轼《经进东坡文集·日喻》

注释

①眇：一只眼睛失明，文中指天生双目失明的盲人。

②扣：同"叩"，敲击。

③扪：按，摸。

④籥：古代的一种竹制管乐器。

按图索骥

伯乐是古时候最会相马的人，是好马是坏马只要经过他眼睛一瞧，立刻就能知道。他著了一部书，叫《相马经》，专门讲怎么辨认马。那书里有这么几句："凸额头，低日角，蹄子好像累酒曲。"说这样的马就是好马。

伯乐的儿子是个书呆子，他把《相马经》里这几句话翻来覆去背熟了，记在心里，便去寻访天下好马。走在半路，遇见一只大蛤蟆，他仔细地端详了这蛤蟆一会，再对证一下经里的文句，觉得大致不差，便把蛤蟆一把捉住，高高兴兴地带回家去见他的父亲。

"爹爹，我替您找到了一匹好马了！"他把这小动物从怀里掏出来放在桌子上，"您看，它可不是和您经上说的那种相貌差不多？只是它的蹄子不大像累酒曲罢了。"

伯乐听了，气得无可奈何，知道儿子呆蠢，骂也无益，只得转怒为笑说："马倒是好马，只是它太喜欢跳了，怕驾驭不住呢！"

成语典故

按图索骥

伯乐《相马经》，有"隆颡①蛈日②，蹄如累曲③"之语。其子执马经以求马，出见大蟾蜍，谓其父曰："得一马略与相同，但蹄不如累曲尔！"伯乐知其子之愚，但转怒为笑曰："此马好跳，不堪御④也。"

——〔明〕杨慎《艺林伐山·相马经》

注释

①隆颡（sǎng）：高高的额头。

②蚨（tiě）日：额头左右隆起来两块圆形的骨头，相术家叫它做日角。

③累曲：叠起来的曲蘖酒母。

④御：驾驭，控制。

◎袁珂手稿（覆巢之下无完卵）

邯郸学步

邯郸是战国时赵国的都城。邯郸的人很会走路，走起路来又轻又快，又有风度。

燕国寿陵地方有几个少年，偶然因为某种机会来到了邯郸，看见邯郸人走路的姿态，实在不胜羡慕。

他们就聚在一起商量道："你看人家邯郸人走路是什么模样！而我们走路又土气又笨拙，哪里及得人家万分之一？趁我们还要在这里逗留一段时间，从此以后我们就好好地跟人家学一学，将来回到家乡也显得我们与众不同。"

从这天起，他们就真的学起邯郸人走路的姿态来。哪知道走路原本是出于自然，要生硬地学人家走路，学来学去，总是不像，非常别扭，反而连自己先前怎么走路也忘记了。临到他们回国的一天，他们简直不知道究竟要怎么走路才好了。结果，走到中途，他们只好哭哭啼啼，连走带爬地爬回国去。

成语典故

邯郸学步

子往矣！且子独不闻夫寿陵①余子②之学行于邯郸③与？未得国能④，又失其故行⑤矣，直匍匐而归耳。今子不去，将忘子之故，失子之业。

——〔战国〕庄周《庄子·秋水》

注释

①寿陵：古地名，战国时燕邑。

②余子：少年人。

③邯郸：战国时赵国国都。

④未得国能：未得赵国之能（绝技）。

⑤故行：从前的步法。

画龙点睛

张僧繇是南朝梁国的大画家。梁武帝信佛，在国内建修了许多佛寺，都请张僧繇去作画。

有一回，张僧繇在金陵安乐寺的照壁上画了四条龙，每一条龙的姿态都画得非常生动——它们被五色云彩围绕着，盘曲腾跃，夭矫飞舞，好像真龙一般。可是有一桩奇怪事，就是每一条龙都没有给点上眼睛。

人们看了都疑惑不解，便问张僧繇："为什么不给它们点上眼睛呢?"

张僧繇叹口气回答说："唉! 不能点呀，点了眼睛怕它们真个就会飞上天去!"

"画的龙即使再画得好，哪能真个飞上天去呢? ——点吧，点给我们看看吧!"人们固执地再三请求着。

"好吧!"张僧繇说，"既然你们不相信，那我就点给你们看看。"

于是他就取过笔来，在其中两条龙的眼眶子里点了点。只见霎时间阴云四合，起狂风，下大雨，雷电交作，霹雳一声，半爿照壁坍塌下来，两条龙乘云驾雨飞上天去。众人亲眼看见这种奇景，都惊呆了。

只剩下两条没有点眼睛的龙，还紧贴在未坍塌的半爿照壁上。从此以后人们才真个佩服张僧繇作画的神妙了。

画龙点睛

张僧繇①于金陵②安乐寺画四白龙，不点眼睛。每云："点睛，即飞去。"人以为妄诞③，固请点之。须臾④，雷电破壁，两龙乘云腾上天。二龙未点睛者见在。

——〔唐〕张彦远《历代名画记》

注释

①张僧繇：南朝梁吴人，画家。

②金陵：今江苏南京。

③妄诞：虚妄，荒唐。

④须臾：一会儿。

游刃有余

　　梁惠王有个厨师，名叫丁，解剖牛的本领好极了。有一天梁惠王闲着没事，就在廊庑下看厨师解牛。只见那厨师丁拿了一把牛刀对准一头刚杀死的牛，在那里左挥右划，手舞足蹈，刀环有节奏地轻微响动着，没多久一头全牛就被解成大大小小的许多块了。

　　梁惠王看了他这灵巧的技艺，忍不住称赞说："咦，你解牛的技术竟到了这种神妙的地步了吗？"

　　厨师丁放下刀恭恭敬敬地回答说："是啊，我如今是有了一点技术了。可是您要知道，我这技术也是辛辛苦苦钻研得来的，不是一下子就学会的啊。当我开始学解牛的时候，我就心不二用，除了牛，我没有看到其他任何东西。三年以后，我练得更专心了，我所见到的只是我要解剖的牛身的一部分，看不到整头牛。至于现在，我简直不用眼睛去看了，牛身上每一部分的结构组织，我心里早已经了解得烂熟了，我只消凭着精神的领悟去剖解那牛，得心应手。就拿这刀来说吧，好的厨师大约一年就得换一把刀，普通的厨师大约一个月就得换一把。可是您看我这把刀已经用了 19 年了，这刀刃的锋利还好像是新从磨刀石上取下来的一样。这是什么缘故呢？说来其实也很简单，牛的肌肉、骨骼和筋络之间是有着相当大的空隙的，而我这把刀的刀刃可以说是薄得没有厚度，拿没有厚度的刀刃用在那有空隙的地方，您想想看吧，刀刃在当中游走岂不是还有充分回旋的余地吗？只要你不拿着刀在牛身上乱砍乱割，刀当然永远都好像是新的，怎么会用坏呢？"

　　梁惠王想了一想，说："好呀！听了你这番谈话，倒使我懂得怎样维护身体健康的道理了。"

成语典故

游刃有余

庖丁为文惠君解牛①，手之所触②，肩之所倚③，足之所履④，膝之所踦⑤，砉然向然⑥，奏刀騞然⑦，莫不中音⑧，合于《桑林》⑨之舞，乃中《经首》之会⑩。文惠君曰："嘻！⑪善哉！技盖⑫至此乎？"庖丁释⑬刀对曰："臣之所好者道⑭也，进⑮乎技矣。始臣之解牛之时，所见无非全牛者。三年之后，未尝见全牛也。方今之时，臣以神⑯遇而不以目视，官知⑰止而神欲行。依乎天理⑱，批大郤⑲，导大窾⑳，因其固然㉑。技经肯綮㉒之未尝微碍，而况大軱㉓乎！良庖岁㉔更刀，割也；族㉕庖月更刀，折㉖也。今臣之刀十九年矣，所解数千牛矣，而刀刃若新发于硎㉗。彼节者有间㉘，而刀刃者无厚。以无厚入有间，恢恢乎其于游刃㉙必有余地矣。是以十九年而刀刃若新发于硎。虽然，每至于族㉚，吾见其难为，怵然㉛为戒，视为止，行为迟。动刀甚微，謋㉜然已解，牛不知其死也，如土委㉝地。提刀而立，为之四顾，为之踌躇满志㉞，善㉟刀而藏之。"文惠君曰："善哉！吾闻庖丁之言，得养生㊱焉。"

——〔战国〕庄周《庄子·养生主》

注释

①庖：厨房。庖丁即厨师。一说"庖"指厨师，"丁"是他的名字。文惠君：旧说指梁惠王。解：剖开，分解。

②触：接触。

③倚：靠住。

④履：踏，踩。

⑤踦（yǐ）：通"倚"，用膝抵住。

⑥砉（huā）然：皮肉分离的声音。向（响）然：多种声音相互响应的样子。

⑦奏：进刀。騞（huō）然：以刀快速割牛的声音。

⑧中（zhòng）：合乎。中音：合乎音乐的节奏。

⑨桑林：传说中殷商时代的乐曲。

⑩经首：传说中帝尧时代的乐曲。会：乐律，节奏。

⑪嘻（xī）："嘻"字的异体。

⑫盖：通作"盍"，怎么。一说为语气词。

⑬释：放下。

⑭好（hào）：喜好。道：事物的规律。

⑮进：进了一层，含有超过、胜过的意思。

⑯神：精神，心思。

⑰官：器官，这里指眼。知：知觉，这里指视觉。

⑱天理：自然的纹理，这里指牛体的自然结构。

⑲批：击。郤（xì）：通作"隙"，指牛体筋腱骨骼间的空隙。

⑳道：同"导"，循着。窾（kuǎn）：空，指牛体骨节间较大的空处。

㉑因：依，顺着。固然：牛身体本来的结构。

㉒技（zhī）：通作"枝"，指枝脉。经：经脉。"技经"指经络结聚的地方。肯：附在骨上的肉。綮（qìng）：骨肉连接很紧的地方。

㉓軱（gū）：大骨。

㉔岁：每年。更：更换。

㉕族：众。族庖，指一般的厨师。

㉖折：断。这里指用刀砍断骨头。

㉗发：出，这里指刚从磨刀石上磨出来。硎（xíng）：磨刀石。

㉘间（jiàn）：缝，间隙。

㉙恢恢：宽广。游刃：运转的刀刃。

㉚族：指骨节、筋腱聚结交错的部位。

㉛怵（chù）然：小心谨慎的样子。

㉜谋（huò）：解散。

㉝委：散布。

㉞踌躇：悠然自得的样子。满志：满足了心意。

㉟善：擦拭。

㊱养生：其后省中心语，意思是"养生之道"。

破镜重圆

南朝陈国末年，太子舍人徐德言向他的妻子——陈后主的妹妹乐昌公主说："眼看国家就快亡了，以你的才貌和身份，亡国以后定会给新朝的权贵据为己有。我们恐怕从此便要永远分离了。假如你还顾念旧情，那我们就想一个将来再见面的法子，你说好不好?"

"想什么法子好呢?"乐昌公主神色凄然地问。

徐德言且不回答，先进屋子里去拿出一面宝镜，破为两半，拿一半交给乐昌公主，另一半自己收藏着，说："真如所料，到正月十五那天，你可叫人将这半面镜子拿到京都市上去叫卖，一定要等那拿着合得上这半面镜子的镜子的人来买，才可卖给他。到了那天，我一定到京都来买镜子，见着镜子就知道你的下落，以后大家再想法会面。"

不久，陈国果然就亡了，隋文帝统有天下，乐昌公主落在隋朝权贵杨素的手里。杨素很宠爱乐昌公主，把她带到京都同住，待她非常优厚。到了约定的正月十五，乐昌公主就打发一个老苍头把半面破镜拿到市上去卖。徐德言这时如约赶到京都市上来买镜。取出自己身边带的半面破镜和卖的半面破镜一合，竟完好如初。徐德言就买下了这半面破镜，写了一首诗，交给老苍头带回去。乐昌公主把诗取来一看，只见那上面写着：

照与人俱去，照归人不归；
无复嫦娥影，空留明月辉。

乐昌公主知道她的丈夫还在深深地思念着她，回想往事，不胜伤感，就悲哀地哭泣，好几天不进饮食。杨素知道了这回事，想到人生变化无常，自己现在虽然荣华富贵到了极点，将来究竟怎样结局还是不能知道，对于乐昌公主夫妻的离合也生出了一点点同情心，就叫人去把徐德言找来，把公主送还给他。后来夫妻俩就回到江南故乡去居住，一直到老死。

成语典故

破镜重圆

　　陈太子舍人徐德言之妻，后主叔宝[①]之妹，封乐昌公主，才色冠绝。时陈政方乱，德言知不相保，谓其妻曰："以君之才容，国亡必入权豪之家，斯永绝矣。倘情缘未断，犹冀相见，宜有以信之。"乃破一照[②]，人执其半。约曰："他日必以正月望日[③]，卖于都市，我当在即，以是日访之。"及陈亡，其妻果入越公杨素[④]之家，宠嬖[⑤]殊厚。德言流离辛苦，仅能至京。遂以正月望日，访于都市。有苍头[⑥]卖半照者，大高其价，人皆笑之。德言直引至其居，设食，具言其故，出半镜以合之，仍题诗曰："照与人俱去，照归人不归。无复嫦娥影，空留明月辉。"陈氏得诗，涕泣不食。素知之，怆然改容。即召德言，还其妻，仍厚遗之。闻者无不感叹。仍与德言、陈氏偕饮，令陈氏为诗，曰："今日何迁次，新官对旧官。笑啼俱不敢，方验作人难。"遂与德言归江南，竟以终老。

　　　　　　　　　　　　　——〔唐〕孟棨《本事诗·情感》

注释

　　①后主叔宝：南朝陈国的最后一个皇帝。

　　②照：铜镜。

　　③正月望日：正月十五日。

④杨素：隋朝权臣，名将。

⑤宠嬖：宠爱。

⑥苍头：指奴仆，或头发斑白之人。

画蛇添足

　　楚國有一个官员，大年底在家庙里祭记祖先，祭记完毕，就把一罈酒来赏赐给随身伺候的几个僕人。

　　僕人們领到这一罈赏赐的酒，大家商量說：「酒倒是好酒，可惜就是少了点点。一个人喝很充足，几个人喝可就不过瘾了，这怎么办呢？」

　　内中有一个人說：''我倒想了一办法。我們不如各人拿这树枝在地上画蛇，誰先画好誰就喝酒。''

　　大家都說：''对对对，就这么办。''

　　於是各人在树上折取了一段枯枝，蹲在地上画起蛇来。

　　有一个人的蛇先画好，偷眼看别的几个都还在那里画，他心里就想：''反正有的是時間，我不如给这蛇添画上几支足，也顯我的本领。''想着，他就果然又拿起树枝来，给蛇画足。

　　他的蛇足还没有画好，另一个人的蛇卻已经画好了，那人丢了树枝，便說：''我的蛇先画好，该我喝酒！''說着，取过那罈酒，便要喝下去。

◎袁珂手稿（画蛇添足）

覆水难收

据说姜太公在没有得志的时候，每天只是读书、钓鱼，穷愁潦倒，生活非常困苦。他的妻子马氏熬受不过这穷苦日子，便请求和他离婚，另谋生路。姜太公没法挽回，只得听其自去了。

后来否极泰来，姜太公在渭水边上遇见周文王，帮助周文王和周武王爷儿俩诛灭了殷纣，平定了天下，论功行赏，被封到齐国做了诸侯。

马氏听说丈夫显贵了，就跑到他那里去，请求和他复合。

"好吧，要复合也不难。"姜太公便取过一盆水来，把水泼在地上，说，"你且把这水替我收拾起来再说吧。"

马氏不知道是什么意思，只得遵照他的话，蹲在地上收拾水。

哪知道东一掬西一捧地忙活半天，只掬起了一些污泥——哪能把已经泼出去的水再收拾起来呢？

姜太公于是慢慢地说："你也知道泼出去的水再难收拾起来了吗？那么你为什么还痴心妄想我们再复合呢？"

成语典故

覆水难收

太公望初娶马氏，读书不事产①，马求去②。太公封齐，马求再合。太公取水一盆，倾于地，令妇收水，惟得其泥③。太公曰："若能离更合，覆水定难收。"

——〔前秦〕王嘉《拾遗记》

注释

①不事产：不能治理家业。

②求去：请求离婚。

③泥：泥浆。

解铃还须系铃人

有一天，方丈和尚想测验一下他的徒弟中谁最聪明，就在说法堂上出了一个问题："假如现在有一只老虎，这老虎的颈脖上挂着一个金铃，请问谁能够把这金铃解下来？"

徒弟们没料到师父会出这个奇怪的问题——凭空出现了一只老虎，老虎颈脖上又挂了这么个金铃，除非是神仙，谁能把它解得下来呢！大家你看着我，我看着你，没有人能回答。

有个年轻而鲁莽的和尚，平时师兄们都瞧不起他，专叫他干些挑水、劈柴一类的粗活，这会儿工作干完了，也到说法堂上来听师父讲经说法。

方丈和尚一见他来了，又拿刚才的问题问他："假如现在有一只老虎，老虎颈脖上挂着一个金铃，你说，谁能把这金铃解得下来？"

莽和尚不假思索，冲口说道："谁给它挂上的就叫谁解下来好啦！"

方丈和尚听了这话，暗吃一惊，但还是不动声色地问："为什么呢？"

莽和尚说："这不是很明白吗？假如他没本事解得下来，当初他又怎么会有本事挂得上去呢？"

方丈和尚竖起大拇指，连说："答得好！答得好！"后来他就把他的衣钵和全部学问传授给了这个看来鲁莽其实聪明的徒弟。这方丈和尚就是法眼，莽和尚就是清凉泰钦禅师。

成语典故

解铃还须系铃人

金陵清凉寺泰钦法灯禅师①在众日，性豪逸，不事事②，众易之，法眼③独契重④。眼一日问众："虎项金铃，是谁解得？"众无对。师适至，眼举前语问。师曰："系者解得。"眼曰："汝辈轻渠⑤不得。"

——〔明〕瞿汝稷《指月录·法灯》

注释

①泰钦法灯禅师：北宋时人，禅宗法眼宗二世。

②不事事：不理事务。

③法眼：即文益禅师，南唐中主李璟谥为"法眼大禅师"，其所创宗派为法眼宗。

④契重：器重。

⑤渠：他，方言。

塞翁失马

古时候，中国北方边境上住着一个老翁，叫做"塞翁"。

有一天，塞翁家里养的一匹马突然越过边境，跑到匈奴的地方去了，没有法子去把它找回来。人们都替他难受，纷纷来安慰他，他却一点也不以为意地向大家说："这有什么？怎知道这不是一桩幸事呢？"

说了这话没多久，跑掉的那匹马又回来了，而且还带回了一匹匈奴骏马。人们看见一匹马变做了两匹，又都来向他道喜，塞翁还是毫不在意，淡淡地说："这又有什么？怎知道这不会是一场灾祸呢？"

塞翁的儿子最喜欢骑马，如今得到一匹骏马，就天天骑着它出去打猎、玩耍，哪知道一个不当心，从马背上摔下来，摔坏了腿骨，成了一个跛子。人们又替塞翁难受，又都跑来安慰他，塞翁仍然毫不在意地笑了笑说："这又有什么呢？怎知道这又不会是一桩幸事呢？"

过了一年，中原和匈奴打起仗来，身体健壮的男子都被征调去当兵，在战争中死的死，伤的伤，还有被俘虏去做了奴隶，安然回乡的十个人当中不过一两个。塞翁的儿子因为残疾，独没有被征调，还拄着一支拐杖，在家乡好好活着呢。

成语典故

塞翁失马

近塞上①之人，有善术者②，马无故亡③而入胡。人皆吊④之。其父曰："此何遽⑤不为福乎？"居⑥数月，其马将⑦胡骏马而归。人皆贺之，其父曰："此何遽不能为^⑧祸乎?"家富^⑨良马,其子好^⑩骑,堕^⑪而折其髀^⑪。人皆吊之,其父曰："此何遽不为福乎?"居一年,胡人大^⑫入塞,丁壮者引弦^⑬而战。近塞^⑭之人,死者十九^⑮。此独以跛^⑯之故,父子相保^⑰。故福之为祸,祸之为福,化^⑱不可极^⑲,深不可测也。

—— 〔汉〕刘安等《淮南子·人间训》

注释

①塞上:长城一带。塞,边塞。

②善术者:精通术数的人。术,术数,推测人事吉凶祸福的法术,如看相、占卜等。

③故:缘故。亡:逃跑。

④吊:对其不幸表示安慰。

⑤何遽:怎么就,表示反问。

⑥居:过了。

⑦将:带领。

⑧为:是。

⑨富:很多。

⑩好:喜欢。

⑪堕:掉下来。

⑪髀(bì):大腿骨。

⑫大:大举。

⑬引弦:拿起武器。

⑭近塞:靠近长城边境。

⑮十九:十分之九,指绝大部分。

⑯跛:指腿脚不好,走路失去平衡。

⑰保:保全。

⑱化:变化。

⑲极:尽。

洛阳纸贵

晋朝人左思一直想写一篇大作品，叫做《三都赋》。三都就是魏都、蜀都、吴都。左思为完成他这篇作品，竟至把家搬到京城洛阳去住，为的是便于借阅难得的图书和向有学问的人请教。他这篇作品一写就写了10年。不管是在哪里——在客厅里也好，在卧室里也好，在花园里也好，甚至在厕所里也好——都摆上了纸和笔，他偶然想起了一个好的句子，或是一个美妙的词汇，马上就提起笔来写在纸上，以免日后忘记。

他就这么辛辛苦苦地构思、写作，10年以后他的文章终于写成了，当代有名的文学家读了他的文章都非常称赞。皇甫谧给他写了一篇序，张载替《三都赋》里的《魏都赋》作了注解，刘逵注解了《吴都赋》和《蜀都赋》。张华向人这么介绍："这真是如班固、张衡一流大作家的笔墨啊！"

左思的《三都赋》得到了这些人的称赏，立刻身价倍增，洛阳贵族豪门的子弟都争着买纸来传抄左思的大作。据说这么一来，洛阳的纸都变贵了。

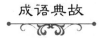
成语典故

洛阳纸贵

左思，字太冲，齐国临淄人也……家世儒学。父雍，起小吏，以能擢授殿中侍御史。思少学钟、胡①书及鼓琴，并不成。雍谓友人曰："思所晓解，不及我少时。"思遂感激勤学，兼善阴阳之术。貌寝，口讷，而辞藻壮丽。不好交游，惟以闲居为事。造《齐都赋》，一年乃成。复欲赋三都，会妹芬入宫，移家京师，乃诣著作郎张载访岷邛之事。遂构思十年，门庭藩溷②皆著笔纸，遇得一句，即便疏之。自以所见不博，求为秘书郎。及赋成，时人未之重。思自以其作不谢班、张，恐以人废言。安定皇甫谧有高誉，思造而示之。谧称善，为其赋序。张载为注《魏都》，刘逵注《吴》《蜀》而序之曰："观中古以来为赋者多矣，相如《子虚》擅名于前，班固《两都》理胜其辞，张衡《二京》文过其意。至若此赋，拟议数家，傅辞会义，抑多情致，非夫研核者不能练其旨，非夫博物者不能统其异。世咸贵远而贱近，莫肯用心于明物……"陈留卫权又为思赋作《略解》……自是之后，盛重于时，文多不载。司空张华见而叹曰："班、张之流也。使读之者尽而有余，久而更新。"于是豪贵之家竞相传写，洛阳为之纸贵。初，陆机入洛，欲为此赋，闻思作之，抚掌而笑，与弟云书曰："此间有伧父③，欲作《三都赋》，须其成，当以覆酒瓮耳。"及思赋出，机绝叹伏，以为不能加也，遂辍笔焉。

——〔唐〕房玄龄等《晋书·文苑传·左思传》

注释

①钟、胡：即钟繇、胡昭，魏晋时书法家。

②藩溷（fān hùn）：篱笆边，厕所旁。

③伧父：粗野鄙贱的人。

曲高和寡

从前有一个歌唱家在楚国的郢都公开演唱他擅长的歌曲。

他首先唱《下里》和《巴人》。这是两支广大人民都喜欢的歌，他刚一开始唱起来，人民附和着他的歌声歌唱的一下子就有几千人，洪亮而欢乐的歌声响彻了整个广场。

然后他又唱《阳阿》和《薤露》。这是流行在一部分市民中的两支歌，一般群众能唱的较少，他一开始唱起来，附和着他的歌声歌唱的就只有几百人，大大地减色了。

最后他又唱《阳春》和《白雪》。这些是只有贵族老爷们才能欣赏的歌，一般市民都不大懂得它的"高妙"，更不用说是广大的劳动人民了。所以这时在上万人麕集的广场，附和他的歌声歌唱的不过是寥寥的、参差不齐的几十个人。

少数的贵族老爷为了偏袒他们所喜爱的歌曲和掩饰他们的丢脸，就把这情形叫做"曲高和寡"，实际上是远离了人民群众的需要。

成语典故

曲高和寡

楚襄王①问于宋玉②曰："先生其有遗行③与？何士民众庶不誉之甚也④？"宋玉对曰："唯，然，有之。愿大王宽其罪，使得毕其辞。客⑤有歌于郢⑥中者，其始曰《下里》《巴人》⑦，国⑧中属⑨而和⑩者数千人。其为《阳阿》《薤露》⑪，国中属而和者数百人。其为《阳春》《白雪》⑫，国中有属而和者不过数十人。引商刻羽，杂以流徵⑬，国中属而和者不过数人而已。是其曲弥高，其和弥寡。故鸟有凤而鱼有鲲⑭。凤皇上击九千里，绝云霓，负苍天，翱翔乎杳冥⑮之上。夫蕃篱之鷃⑯，岂能与之料天地之高哉？鲲鱼朝发昆仑之墟⑰，暴⑱鬐于碣石⑲，暮宿于孟诸⑳。夫尺泽之鲵㉑，岂能与之量江海之大哉？故非独鸟有凤而鱼有鲲也，士亦有之。夫圣人瑰意琦行㉒，超然独处，世俗之民又安知臣之所为哉？"

—— 〔梁〕萧统编《文选·宋玉〈对楚王问〉》

注释

①楚襄王：即楚顷襄王，芈姓，熊氏，名横。

②宋玉：辞赋家，在楚怀王、楚顷襄王时做过文学侍从官。

③遗行：有失检点的行为与作风。

④何士民众庶不誉之甚也：为什么那么多士民不称誉您呀？士民，这里指学道艺或习武勇的人。众庶，庶民，众民。

⑤客：外来的人。

⑥郢：楚国国都，今湖北江陵县西北。

⑦《下里》《巴人》：楚国的民间歌曲。

⑧国：国都，京城。

⑨属（zhǔ）：连接，跟着。

⑩和（hè）：跟着唱。

⑪《阳阿》：古歌曲名。《薤露》：相传为齐国东部的挽歌。薤露是说人命短促，有如薤叶上的露水，一瞬即干。

⑫《阳春》《白雪》：楚国的高雅歌曲。

⑬引：引用。刻：刻画。商、羽、徵：古代五个音级中的三个。

⑭鲲：古代传说中的一种大鱼。

⑮杳（yǎo）冥：指极远的地方。

⑯鹦（yàn）：一种小鸟。

⑰墟（xū）：土丘。

⑱暴：暴露。

⑲碣石：渤海边上的一座山，在今河北昌黎北。

⑳孟诸：古代大泽名，在今河南商丘东北、虞城西北。

㉑鲵（ní）：小鱼。

㉒瑰意琦行：卓越的思想和美好的操行。

郢书燕说

　　一个住在郢都的楚国贵族，有一次正在给燕国的丞相写一封信。那时候是晚上，蜡烛的光不很明亮，这个贵族便吩咐身边持烛的家奴说："把蜡烛举高一点！"

　　他一面这么说，一面又在写信，一个不留神，信上就多写了"举烛"这两个字。他也没有仔细察看，就匆匆忙忙把信装在封套里，派人送了出去。

　　燕国的丞相得到这封信，折开一看，看到"举烛"，无论如何也猜不透这两个字是什么意思。

　　于是他就苦恼地左思右想，白天也在想，晚上睡觉也在想。有一天半夜，忽然给他想通了。他想：所谓"举烛"，无非是想让烛光照耀得周围更光明一些罢了；要使周围更光明一些，那么只有任用贤才，让他们把能力和本领都发挥出来，贡献给国家……对啊，对啊，就是这个意思，这真是再好没有了！

　　第二天，他就去朝见燕王，把信上所写的和他心里所想的都告诉了燕王。燕王听了很是高兴，采纳了他的意见，从此把燕国治理得很好。

　　至于那个由于粗心大意写上"举烛"这两个字的楚国贵族，做梦也没有想到自己的错误竟会有这样的效果。

成语典故

郢书燕说

　　郢①人有遗②燕相国③书④者，夜书⑤，火⑥不明，因谓持烛者曰：

"举⑦烛!"云而过书"举烛"⑧。举烛,非书意也⑨。燕相受书⑩而说之⑪,曰:"举烛者,尚明⑫也。尚明也者,举⑬贤而任之。"燕相白⑭王,大说,国以治⑮。治则治矣,非书意也。今世学者多似此类。

——〔战国〕韩非《韩非子·外储说左上》

注释

①郢:楚国的都城。

②遗(wèi):送给。

③相国:古代官名,为百官之长。

④书:信。

⑤夜书:晚上写信。

⑥火:烛光。

⑦举:举高。

⑧云而过书"举烛":嘴里说着"举烛",就在信中写了"举烛"两个字。

⑨非书意也:不是原来信里要说的意思。

⑩受书:收到书信。

⑪说之:即解释它的意思。也有人认为"说"是通"悦",高兴,愉悦。

⑫尚明:崇尚光明。尚,重视、崇尚。

⑬举:推举。

⑭白:禀告,告诉。

⑮治:太平,指治理好。

完璧归赵

赵惠文王得到了洁白无瑕的和氏璧。

秦昭王知道了，想要这璧，便写了一封信给赵惠文王，表示愿意拿15座城市和它交换。赵惠文王得着这封信，心里发愁。要想把璧送去呢，又明知秦王贪狠狡诈，素来不守信义，15座城市换璧的话定是虚假的；想不送去呢，又怕得罪了秦王，给他以侵略的借口。赵惠文王因此踌躇不定。

赵国有一个小臣叫蔺相如，知道赵王为这件事情烦心，就自告奋勇，愿意把和氏璧送去换取秦王所允诺的15座城市，如果达不到目的，一定把和氏璧完好地送回赵国，不让这块宝贝落在贪暴的秦王手里。

赵王没法可想，只得让蔺相如把和氏璧带去见秦王。

秦王在朝堂上接见了蔺相如。蔺相如手捧着和氏璧奉献给秦王。秦王接过了璧，反复把玩，爱不释手，又拿给他身后站立的美人们传观。

蔺相如看见这光景，知道秦王决定要把和氏璧吞没掉，他绝不会拿15座城市来交换它的，因向秦王说道："这块璧好是好，可惜上面还有个小小的斑点。"

秦王听说闻名天下的和氏璧竟然有斑点，不禁吃惊地说："哪里？哪里？——我怎么没有发现呢？"

说时，秦王就把璧递给蔺相如，要他指给自己看。蔺相如接过璧，作出指点的样子："这不是——"一面却往后退，退到大殿柱子的旁边站立着，对秦王说："这块璧原是没有斑点的，我不过看见您很喜欢这璧却没有拿城来交换它的意思，才把它要回来，打算原物送回去还给赵王。您如果真要拿城来换璧，那么就请先把 15 座城市交割出来；如果您想用威力来逼迫我，那么我的头和这块璧马上就会粉碎在这根柱子上！"

说着，蔺相如就两手捧着璧，圆睁着一对眼睛，斜看着身旁的柱子，怒气勃勃地，头发一根根竖立起来，把头上戴的帽子都顶得高高的，作出马上就要一齐碰上去的姿态。

秦王看见这光景，知道无法强迫，只得让蔺相如带着璧回赵国去了。从此以后，秦王再也不提起拿城换璧的话头了。

成语典故

完璧归赵

赵惠文王时，得楚和氏璧①。秦昭王闻之，使人遗②赵王书，愿以十五城请易璧。赵王与大将军廉颇诸大臣谋：欲予秦，秦城恐不可得，徒见欺③；欲勿予，即患秦兵之来。计未定，求人可使报秦者，未得。宦者令缪贤曰："臣舍人蔺相如可使。"王问："何以知之？"对曰："臣尝有罪，窃计欲亡走燕，臣舍人相如止臣，曰：'君何以知燕王④？'臣语曰：'臣尝从大王与燕王会境上，燕王私握臣手，曰"愿结友"。以此知之，故欲往。'相如谓臣曰：'夫赵强而燕弱，而君幸于赵王，故燕王欲结于君。今君乃亡赵走燕，燕畏赵，其势必不敢留君，而束君归赵矣。君不如肉袒伏斧质⑤请罪，则幸得脱矣。'臣从其计，大王亦幸赦臣。臣窃以为其人勇士，有智谋，宜可使⑥。"于是王召见，问蔺相如曰："秦王以十五城请易寡人之璧，可予不⑦？"相如曰："秦强而赵弱，不可不许。"王曰："取吾璧，不予我城，奈何？"相如曰："秦以城求璧而赵不许，曲在赵。赵予璧而秦不予赵城，曲在秦。均之二策，宁许以负秦曲⑧。"王曰："谁可使者？"相如曰："王必无人，臣愿奉璧往使。城入赵而璧留秦；城不入，臣请完璧归赵⑨。"赵王于是遂遣相如奉璧西入秦。

秦王坐章台见相如，相如奉璧奏秦王。秦王大喜，传以示美人⑩及左右，左右皆呼万岁。相如视秦王无意偿赵城⑪，乃前曰："璧有瑕⑫，请指示王。"王授璧，相如因持璧却立⑬，倚柱，怒发上冲冠⑭，谓秦王曰："大王欲得璧，使人发书至赵王，赵王悉召群臣议，皆曰'秦贪，负⑮其强，以空言求璧，偿城恐不可得'。议不欲予秦璧。臣以为布衣之交⑯尚不相欺，况大国乎！且以一璧之故逆强秦之欢，不可。于是赵王乃斋戒⑰五日，使臣奉璧，拜送书于庭。何者？严大国之威以修敬也。今臣至，大王见臣列观⑱，礼节甚倨；得璧，传之美人，以戏弄臣。臣观大王无意偿赵王城邑，故臣复取璧。大王必欲急臣，臣头今与璧俱碎于柱矣！"相如持其璧睨⑲柱，欲以击柱。秦王恐其破璧，乃辞谢固请，召有司案图，指从此以往十五都予赵。相如度秦王特以诈详为予赵城，实不可得，乃谓秦王曰："和氏璧，天下所共传宝也，赵王恐，不敢不献。赵王送璧时，斋戒五日，今大王亦宜斋戒五日，设九宾⑳于廷，臣乃敢上璧。"秦王度之，终不可强夺，遂许斋五日，舍㉑相如广成传。相如度秦王虽斋，决负约不偿城，乃使其从者衣褐㉒，怀其璧，从径道㉓亡，归璧于赵。

秦王斋五日后，乃设九宾礼于廷，引赵使者蔺相如。相如至，谓秦王曰："秦自缪公㉔以来二十余君，未尝有坚明约束㉕者也。臣诚恐见欺于王而负赵，故令人持璧归，间㉖至赵矣。且秦强而赵弱，大王遣一介之使至赵，赵立奉璧来。今以秦之强而先割十五都予赵，赵岂敢留璧而得罪于大王乎？臣知欺大王之罪当诛，臣请就汤镬㉗，唯大王与群臣孰计议之。"秦王与群臣相视而嘻。左右或欲引相如去，秦王因曰："今杀相如，终不能得璧也，而绝秦赵之欢，不如因而厚遇之，使归赵，赵王岂以一璧之故欺秦邪！"卒廷见相如，毕礼而归之。

相如既归，赵王以为贤大夫使不辱于诸侯，拜相如为上大夫。秦亦不以城予赵，赵亦终不予秦璧。

——〔汉〕司马迁《史记·廉颇蔺相如列传》

注释

①和氏璧：战国时著名的玉璧，是楚人卞和发现的，故名。

②遗：送。

③徒见欺：白白地被欺骗。

④何以知燕王：根据什么知道燕王（会收留你）。

⑤肉袒伏斧质：解衣露体，伏在斧质上。袒，脱衣露体。质，同"锧"，承斧的砧板。

⑥宜可使：可供差遣。

⑦不：同"否"。

⑧宁许以负秦曲：宁可答应，而让秦国承担理亏的责任。

⑨完璧归赵：让璧完整无损地归还赵国。

⑩美人：指秦王的姬妾。

⑪偿赵城：把15城补偿给赵国。

⑫瑕：玉上的斑点或裂痕。

⑬却立：倒退几步立定。

⑭怒发上冲冠：愤怒得头发直竖，顶起了冠。形容极其愤怒。

⑮负：倚仗。

⑯布衣之交：平民间的交往。古代平民只穿麻衣、葛布，故称布衣。

⑰斋戒：古人祭祀之前一定要沐浴更衣，节制饮食，表示虔诚。

⑱列观：一般的台观，指章台。不在朝堂接见，说明秦对赵使的不尊重。

⑲睨：斜视。

⑳设九宾：一种外交上最隆重的仪式，有傧相9人依次传呼接引宾客上殿。宾，同"傧"。

㉑舍：安置。

㉒衣褐：穿着粗麻布短衣，指化装成平民百姓。

㉓径道：小路。

㉔缪公：即秦穆公。缪，同"穆"。

㉕坚明约束：坚决明确地遵守信约。约束，信约。

㉖间（jiàn）：抄小路。

㉗就汤镬（huò）：指接受烹刑。汤，沸水。镬，大锅。

黔（注）驴之技

　　贵州省地方，古时候不出产驴子，有一个好事的人，异想天开地从北方运了一头驴子到贵州来，把他放在山脚下，看他在那里怎样生活。

　　驴子在山脚下，起初倒也自由自在，生活得很好；后来却给一匹老虎来扰乱了他的生活的安宁。

　　老虎把身子隐藏在林丛间，悄悄地觑看着这从来也没有见过的奇怪的动物。这动物的身体真是庞大呀，料想他的本领必然不小，轻易是惹他不得的。

　　老虎心里正这么想，忽然看见那低头吃草的奇怪动物仰起头来大叫了一声，骇得老虎心惊胆战，回转身夹着尾巴没命地逃开跑，以为那怪动物要来吃他了。

　　过了两天，老虎抑制不住好奇心，又跑到山脚下来看看那怪东西。这一回胆子比较大了些，来来往往把那吃草的毛驴偷看了个半天，觉得似乎也没有什么了不起，但还是不敢轻易去触犯他。

　　后来又这么偷看了好几回，委实看不出那长脸孔的怪东西究竟本领在哪里。

◎袁珂手稿（黔驴之技）

退避三舍

春秋时晋国遭了骊姬的祸乱，晋公子重耳带着一众臣子逃亡在外，经历了很多国家，受了很多辛苦。后来逃到楚国，楚成王招待他很好，把他当贵宾。重耳对楚成王的殷勤招待非常感激。

有一天，楚成王向重耳开玩笑说："公子要是回到晋国，怎么报答我呢？"

重耳说："金银财宝您多得是，我真想不出用什么方法才能报答你的恩德。"

楚成王笑着说："不管怎么，您总得想法报答我点才行啊！"

重耳想了一想，说："如果我能回到晋国，但愿晋楚两国永远和好。万一不幸两国发生了战争，我一定叫我的军队退避三舍（一舍是30里，三舍就是90里），来报答您的大恩。"

楚成王说："好吧，将来领您的情就是了。"

后来，重耳回到晋国，做了国君，就是晋文公。再后来晋楚两国真的发生了战争，晋国的军队果然遵照晋文公的指示，在战场上退让出了90里的地方，一直遇到楚国的军队杀上前来，才反击回去。结果，由于楚国将士的骄傲和晋国统帅的善于用兵，晋国的军队打了一个大胜仗，把楚国人赶了回去。

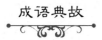

成语典故

退避三舍

及楚，楚子①飨之，曰："公子若反晋国，则何以报不穀？"对曰：

"子女玉帛则君有之，羽毛齿革则君地生焉。其波及②晋国者，君之余也，其何以报君?"曰："虽然，何以报我?"对曰："若以君之灵，得反晋国，晋楚治兵③，遇于中原，其辟君三舍④。若不获命，其左执鞭弭⑤，右属櫜鞬⑥，以与君周旋。"

——〔春秋〕左丘明《左传》僖公二十三年

晋师退。军吏曰："以君辟臣，辱也。且楚师老⑦矣，何故退?"子犯曰："师直为壮，曲为老⑧。岂在久乎? 微⑨楚之惠不及此，退三舍辟之，所以报也。背惠食言，以亢⑩其仇，我曲楚直。其众素饱⑪，不可谓老。我退而楚还，我将何求。若其不还，君退臣犯，曲在彼矣。"退三舍。

——〔春秋〕左丘明《左传》僖公二十八年

注释

①楚子：指楚成王。

②波及：流散到。

③治兵：演练军队。

④辟：同"避"。舍：古时行军走 30 里就休息，所以一舍为 30 里。

⑤弭：弓梢。

⑥属：佩带。櫜：箭袋。鞬：弓套。

⑦老：衰疲。

⑧直为壮，曲为老：有理就气壮，无理就气衰。

⑨微：没有。

⑩亢：扞蔽，庇护。

⑪饱：士气饱满。

一鸣惊人

齐威王原是个有才干的人，可是有桩毛病，就是喜欢喝酒，一喝就要喝个通宵达旦，国家大事不闻不问，任凭一班混账官吏胡行乱为。四方诸侯看见齐国朝政昏乱，有机可乘，都纷纷地想来捞好处，齐国这个国家眼看早晚就要灭亡了，却没有人敢谏诤性子刚强的齐威王。

当时齐国有一个聪明而滑稽的人，叫做淳于髡。他知道齐威王除了喜欢喝酒，又有猜谜的癖好，就用谜语去打动齐威王，说："我听说我们国内有一只大鸟，歇在大王的朝堂上，三年不飞又不鸣，大王知道这是什么鸟？"

齐威王是很聪明的人，一听就知道淳于髡所说的"大鸟"其实就是指的自己，于是笑了一笑，回答说："我也不知道这究竟是什么鸟。不过我可以告诉你：这鸟不飞便罢，一飞就要冲天！不鸣便罢，一鸣就要惊人！"

说了这话不久，齐威王果然就用实际行动表现出了他的英明能干和勇于改过。他马上召集全国的县令一共72个人，开了个紧急会议，考察他们的工作情况究竟怎样。杀了一个工作得特别坏的，赏赐了一个特别好的，所有的官员一下子都振作起来了。齐威王又积极地训练军队，等到兵强马壮了，便亲自统率着他们，驱逐敌人出国境。这么一来，四方的诸侯都震惊了，纷纷把从前侵占齐国的土地退还给齐国。齐国从此又成了一个强大的国家，齐威王的声威一直显扬了36年。

一鸣惊人

淳于髡者，齐之赘①婿也。长不满七尺，滑稽多辩，数使诸侯，未尝屈辱。齐威王之时喜隐②，好为淫乐长夜之饮，沈湎不治，委政卿大夫。百官荒乱，诸侯并侵，国且危亡，在于旦暮，左右莫敢谏。淳于髡说之以隐曰："国中有大鸟，止王之庭，三年不蜚③又不鸣，王知此鸟何也?"王曰："此鸟不飞则已，一飞冲天；不鸣则已，一鸣惊人。"于是乃朝诸县令长七十二人，赏一人，诛一人，奋兵而出。诸侯振惊，皆还齐侵地。威行三十六年。

——〔汉〕司马迁《史记·滑稽列传》

注释

①赘：男方到女家成亲落户。

②喜隐：喜好隐语。隐语，不直说本意而借别的词语来暗示的话。

③蜚：古同"飞"。

请君入瓮

周兴和来俊臣都是武则天做皇帝时候的大特务头子。周兴的性格尤其残忍，用了很多残酷的刑罚来诬害忠良正直的人。

后来有人秘密告发周兴阴谋造反，武则天大怒，下了一道密诏，叫来俊臣审问这件案子。

来俊臣得到密诏的时候，正和周兴在一起吃午饭，他不露出一点声色，问周兴："近来有些囚犯真是顽固，狡猾极了，任你用什么刑罚摆布他们，总是不肯招认——你说该怎么办呢？"

周兴笑眯眯地说："这很好办嘛。只消拿只大瓮坛，四面烤上炭火，把囚犯放进这瓮坛，那时你要他招认，他还有什么不肯招认的！"

"这法子可真是妙呀！"来俊臣拍手笑道。

于是他马上叫人抬来了一只大瓮坛，瓮坛的四周烤上红彤彤的炭火。然后他站起身来，脸色一变，冷冰冰地厉声向周兴说："有人密告你阴谋造反，你可将造反的情由从实招来；若是不招，那就请你进这瓮坛去！"

周兴一见这光景，吓得汗流浃背，还没有等到进瓮坛去，就把别人要他招认的都胡乱招认了。

成语典故

请君入瓮

或告文昌右丞周兴与丘神勣通谋，太后命来俊臣鞠①之。俊臣与兴方推事②对食，谓兴曰："囚多不承，当为何法？"兴曰："此甚易耳！取大瓮③，以炭四周炙④之，令囚入中，何事不承！"俊臣乃索大瓮，火围如兴法，因起谓兴曰："有内状推⑤兄，请兄入此瓮！"兴惶恐叩头伏罪。

——〔宋〕司马光等《资治通鉴·唐纪·则天皇后天授二年》

注释

①鞠：审讯犯人。

②推事：研究事情。

③瓮：大坛子。

④炙：烧烤。

⑤内状：宫内递出的状辞。推：追究，检举。

附录 童话故事

夸父和他的子民

古时候，在暗冥国，有着一个意志坚强、力气极大的国王夸父，带着他的一群勇敢的人民，居住在一个全无光亮的黑暗的地方，他们过的日子就是夜晚连续着夜晚。虫、蛇、恐龙、剑齿虎、鸱枭、蝙蝠……和他们生活在一起，混沌模糊中彼此互相吃着，只听见在一片黑暗里发出来的咬啮骨皮的声音，不知道是人吃了禽兽呢还是禽兽吃了人。

这样的生活诚然极苦，而且没有希望。有一天，剑齿虎的一只尖牙刺进了夸父的胸膛，黑暗中夸父苦闷地呻吟着："给我们光亮呀！"

说也奇怪，一道血红的光在地平线的边沿突地一闪，世界呈现在一片壮丽的红光之中，禽兽恐惧地扰动着，人们都欢喜地呼噪起来。夸父奋力推开了那可怕的剑齿虎，抓一把灰土塞在创口上，一跃而起，向他的人民说道："孩子们，让我们追逐光明去！"

向着那条大路，夸父手里拿了一条大杖，率领着他的勇敢的人民，提起各自多筋肉的、生毛的、健强的腿脚追了去。红的太阳含着欢迎的微笑上升起来，渐高渐小，终至成为一团不可逼视的金光。

他们的脊梁感觉着火辣辣的烧热。然而他们爱这热和光，所以他们仍旧拼命向前跑。

大路上的脚步声是多么的整齐而划一呀，多么的雄壮呀！几千只腿脚这样地奔跑着，鸟飞一般。

丽日晴天的原野的美景呈现在他们眼前。"呵——哈！"大家一齐欢呼。

太阳升到天顶了，慢慢又落后面去了。

消失了对象的光明的追逐者们，站在道路上茫然地发了一会呆；扭回头来，又看见了那颗光热的太阳，大家一齐欢呼，由夸父带领着，踅转身子，还是跑。

嫉妒的乌云却突然愤怒了。"这些不安分的！"他黑着嘴脸骂说，便一面吹胀了他的身体来布满天空，遮去了光明的太阳，一面请风伯、雨师来帮忙，登时天昏地暗，大雨倾盆，而且还刮着"呜——哇！呜——哇！"怪号的风，直吹得人们心惊胆战，头发在空中狂舞。

"孩子们，追过去，"夸父喊叫说，"光明就在我们的前面了！"

"追过去呀！"他的人民响应他说。

一部分心志不坚的人咕噜说："不但是黑暗，而且又是风，又是雨！"他们悄悄地退转回去了。

其余的大多数的人民却还紧跟在他们的首领后面，奔跑呵，奔跑呵……

帮凶的风雨渐渐吹打得筋疲力竭，支持不住，收拾了残兵败卒溜走了。只剩下嫉妒的乌云还在拼命地将他的身体吹胀又吹胀。最后，他似乎也用尽了气力，无可再胀。而且老实说一句：站在他的立场，这确也是很危险的，再胀就要胀破他的肚子了。

终于，在他的大肚子的边沿，一颗滴溜圆的、光鲜的红球滚出来了。"呵哈！"奔跑的人民欢喜地喊叫说。

乌云看见自己的阴谋失败，恼羞成怒，便气急败坏地移动着他的胖而臃肿的身体，跑到"雪之宫"去报告霜、雪、雹、霰四弟兄。"不好……了！"他的牙齿捉对儿厮打，"人们都追逐光明去了，造起反来了！我挡了一阵也没有挡住……"

"这还了得！"四弟兄白了脸说。立刻天象变了，霜雾在天空布满，隐没了太阳，继之而狂舞的雪花，密密的雨点一样的雹霰，都从天空一齐降落下来。大地遍铺了雪的毡毯，也分辨不出哪里是道路，哪里是坑谷。

困顿在雪野里跋涉的人们，眉毛上都盖着雪，胡须上都结着冰。有几个同伴竟自可怜地陷脚在坑谷中，挣扎着不能起来。

一部分人又灰心了，嚷叫着说："冷呀！冷呀！可怕的雪的陷阱呀！"他们便不顾首领和同伴们的召唤，退转回去了。

大部分人却还紧跟在他们首领的身后。

在天空施法的四弟兄看见人们这不屈不挠的光景，发急了，互相说着："喂，兄弟，怎么办呢？看看我的霰弹就要撒完了！""是呀，怎么办呢？我的雪花也没有剩下几把了！"

太阳的威力冲开了四弟兄的稀薄阵势，从霜雾的天空露出脸来。人们仰起头来望见了他，都打从心里快活地欢呼："呵——哈！"四弟兄颤抖着，卷旗收伞，抱头鼠窜地遁逃了。太阳融化了大地的积雪，显露出了道路和坑谷。

荆棘和蒺藜这时又遍野地生长起来。这是恶魔的指使还是仙人的试炼呢？古书上没有记载，不得而知。但有一样我们是清楚知道的，就是当人们的赤足踏过它们的头顶时，被尖刺刺穿了的赤脚流出点滴的鲜红的血来。又一部分的人退回去了，而其余的人还是继续前进。他们所经过的道路，成了一条殷红的血路。荆棘们看了都只好摇头叹气："这些勇敢的人民呀！"他们便都变做了平铺的软草，给这一队光明的寻求者拭干足底的血迹，垫着他们的受伤的脚，让他们继续前进。

大山走过来了，说道："嚇！"挡住了他们的去路。

夸父说："孩子们，翻过去！"

人们仰起头来望着那黑魆魆的遮蔽了半边天空也遮蔽了太阳的大山，又有一部分的人因此畏葸了，只觉得腿脚打抖，便羞惭地辞别同伴回转去，而其余的人跟随着夸父翻山。

呵，无穷无尽的高山呀！饥饿，劳顿，困苦，疲乏……艰难的鞭子是这样无情地抽打着他们。他们紧咬着牙齿，不发一声哼叫，终于他们翻登上了山的脊梁。

"呵——哈！"

看着明丽的太阳所照射的山外的绚烂大野，他们不禁手舞足蹈地大大欢呼了。凉风吹着他们的流汗的脸孔，他们都感到精神抖擞，身体的疲倦完全消失。夸父率领着他的人民，一刻也不停留地直向山下日光照耀的处所奔去。

然而又来了大海。大海横亘在他们的面前，奔腾咆哮，怒张着紫黑的脸和白亮亮的牙齿。站在岸滩上，看着那一轮离开他们远去的太阳渐渐西沉，为怒海所吞噬。昏沉的夜雾已笼罩在海面上了。

"孩子们，泅渡过去罢！"夸父坚定地说。一半的人跟随着他跳进了大海。其余一半的人在岸滩上呆呆地望着——他们已失掉最后的信心了。

冲涛横濑的挣扎，咸水和腥风袭击的艰苦，夸父带领着他最后一批勇敢的人民，直向太阳落下的地方泅去。他们的浮游快过海中任何的鱼类，而且比逃逝的太阳更快，所以不久他们又看见太阳升起来了。他们欢呼："呵——哈！"也就在这一瞬间，几个勇士已经竭尽了他们最后的精力，悄悄地沉没在大海里面了。其余的人民随着他们的首领浮游，终于登上了岸，在大路上追踪着太阳。

"勇敢的人民呵！"太阳伤叹地想，"你们固然爱我，却不想人类的脚步怎样能够追踪到太阳呢！"她不禁洒了几滴同情的眼泪。

她的眼泪落在道旁，忽而化做一片绿叶密茂的桃林，其上结了累累的鲜红的果实。

所有的人民，除了他们的首领夸父，通通被饥渴、疲乏击打得不成样子了；以他们的勇敢固然或者还可以经历更艰苦的试炼，却实在无法抗拒这一些从天而降的甘果的诱惑，便忘了一切，跑进了桃林，抢夺着树枝上的甘芳的果子大嚼起来。

"孩子们，"夸父一边奔跑一边回头呼叫，"跟上前来呀！不要为了暂时的安舒而丧失了光明呵！"

但这一次，他的声音似乎便投在了虚空之中，他的最后一批勇敢的人民也不做出回应了。

他仍旧跑着。太阳上升到了他的头顶，和他距离很近。他的心里充满着大欢喜，他想："我终于追获到她了，她便在我的头顶上。我不会让她离开我的。"

"勇敢的人呵！"太阳赞美而又伤叹地想，"你固然追获到我了，却不想我将永远地前行呢！"

太阳加快了她的脚步。夸父看见太阳加快脚步，也加快了脚步。他在太阳的下面奔驰，因为长久的奔跑之故，终于力气渐渐用尽了。他的头脑晕眩，他的喉咙烦渴，他再跑了没有几步，便突然地倒在地上不省人事了。心中怀藏着大欢喜，流汗的脸孔上挂着几丝满足的微笑，他死去了。

太阳放出一股强烈的光热来，在他的尸体上烤炙了一下，像是亲吻，又像是盖上烙印，便迅速地向前飞跑了去。

"呵——哈！"桃林里的人们发出一声叫喊。他们是清楚地看见了这景象的，看见他们勇敢的首领像鸟影一样地倒地，看见太阳的爱抚和逃遁。他们起初惊得呆瞪了一下，然后知道第一个光明的寻求者现在是在寻求光明的道路上牺牲了。

人们丢弃了正在吃着的鲜果，疯狂地跑出了桃林，向着那最后的夕阳照临的大路的远方急奔而去。

夸父横卧在大路的中央，面目焦黑，身躯也复如是；我们分明还可以看见残留在他焦黑的面目上的满足的笑影。人民的脚步从他胸膛上踏过。我们相信，他是听见这种脚步声的。不但有脚步声，还有鼙鼓，还有进军的喇叭——是的，呵，即使不是暗冥国，而是和暗冥国的情形差不多的各国的人民，为了寻求光明和跟光明差不多是同义语的我们叫做"真理"的那种宝贵的物事之故，都跟踪着夸父的脚迹，勇毅地继续前来了。没有什么东西可以阻碍他们，霜雪的小丑、风雨的恶徒，以及蒺藜和荆棘、大山和海洋，他们都将超越、搏斗而过。

我们相信，那死了的夸父，他是爱听寻求光明的人类的脚步声的！

叶公见龙

相传龙是动物中的高贵种族，因为会腾云，会高高地飞在天上。

鸟固然可以飞，却不会腾云。假如它一旦不努力用翅膀拍打着，就要从天上掉下来。而龙却无需这样，它可以安闲自在地腾在云上。你们不看见龙的图画么，它总是驾着云雾的。它遨游四海，并不需要费什么力，所以它得以随意扭曲着身体，成为一种奇现，就是我们所谓的"夭矫"或者"夭矫不群"的那种优美姿态。

所以皇帝特别选择了龙这种动物来装饰他的高贵华丽：他的柱头是龙柱，床是龙床，椅子是龙椅。他身上偶尔也生一两个和我们平常人一样的小寄生虫，据说那也别有一种好听的名目，叫做"龙虱"。并且皇帝本身也是一条龙，他的脸孔是"龙颜"，要是你使得皇帝喜欢，他就会"龙颜大悦"的。

龙的鼻孔里还可以喷水，所以对于这个，你总得相当地加以提防和尊敬。当它发了怒的时候，哗哗地喷出两股水来，足以翻江倒海，在我们的游泳术研究得还不很高明时，可有些不大吃得消的。高兴的时候它的喷法又不同，那时它就慢慢地哼，哼出一些细沫，洒下来就成为我们的老百姓"额手称庆"的所谓"甘霖"。

别有一种火龙，专门烧房子的，也该加以尊敬，但不在我们今天所说的范围之内。

古时候有一个叫做叶公的人，最喜欢龙。他自然有钱，并且也有地位。他没来由地喜欢起龙来了。他请了画师来，画了一条黄龙的形象在屏风上，就是一直传到现在的这种画龙的派调：细长而夭矫的身子，披着金光闪闪的甲，被五色祥云护拥着，爪子的前面有一团红球样的东西，叫做"宝"。又叫画师在另外一扇屏风上画了一条龙在水里出没时的形象，它的身子是青的。又画了一条龙正从鼻孔里喷出两股水，四面都是黑云，它的身子是乌的。又画了一条火龙，周身包绕着大火和烟焰，它披着赤红颜色的金甲。

叶公看了，觉得还不够，又叫画师画了一些小龙，或是白的，或是红的，或是青的，或是乌的，分布在窗棂上或是帷幔上。

他躺在床榻上，看着四周龙们的夭矫姿态，心里觉得很是满意。

但渐渐地，他也有了一点儿不满了，因为他觉得他虽然现在当着大官，并且家里很有钱，但要和龙的快乐比较起来，似乎还是不如的。

龙有那样的"夭矫"，这就是构成龙之快乐的一项重要理由了。而他却不能像龙那样的"夭矫"。偶尔当他躺在床榻上闲着没有事的时候，也学着屏风上龙的姿态，那么"夭矫"一下，结果总是使得他的书童惊慌失措地跑进屋子来，不知道里面的乒乒乓乓的响声是出了什么事。

要学龙鼻孔里喷水的本领更是难了，除非是打呛，然而打呛时候喷出来的每每并不是水，而是鼻涕，算不得是光彩的。

他最大的宏愿，就是想要在他死了之后，天帝把他变做一条龙；要是可能，就是马上化而为龙也心甘情愿。他并不贪恋富贵，"富贵于我如浮云"，他只想变成一条龙。

所以他常常做变龙的梦。在梦中他变成龙了，自然是腾着云，还扭着他的"夭矫"的身体，和他的龙朋友结伴同行。或者是到了龙的国，漫天都是大龙和小龙，于是他们玩"抢宝"的游戏。有时他梦见在海底游行，被包绕在珊瑚和龙女之中，惝恍而且迷离……

一天中午，叶公正在他的四壁是龙的大厅里午眠，似睡非睡的梦中，仿佛听见有笨重的脚步声向着他的床榻走来，他从昏沉的精神状态中惊醒了来，揉开眼睛一看，嚇，原来是一只硕大无比的爬虫，巍然地站在他的面前。那东西生着一个小脑袋，后面拖着一条比例极不相称的肥大臃肿的身躯，大约有五六丈长，满身糊着泥泞，样子是丑陋的、难看的。

叶公被它吓了一跳，陡然跳下床来，就想要跑。

"叶先生，"大爬虫发出人类的声音说，"是我——你的老朋友。"

"什么？你是谁？"叶公定了定神，看着大爬虫说，"我并不认识你呀！"

"你不认识我了么，叶先生？我是龙。"

"龙——你？"

"是的，我是龙。"大爬虫用舌头舐着上颚一排锋利的牙齿，谄媚而谦虚地笑着说，"我就是你所最喜欢的龙。现在我来了！"

"但是我从来没有喜欢过一条像你这样的龙呀，'龙'先生！"

"而我是真真实实的龙。"

"假若是龙，就该腾了云来才对。"

"龙本来是像这么样爬着走路的。"

"你的身躯也并不夭矫。"

"龙的身躯本来并不夭矫。"

"可是你看，"叶公指着壁上画着的大小龙们说，"你的同伴们为什么都有一副夭矫的身躯呢？"

大爬虫瞥了壁上一眼，不屑地冷笑了笑说："那是你们人类想象出来的玩意儿，实际上在我们龙族弟兄之中，并没有一个是像这般奇怪的模样！"

"噢，奇怪吗？"叶公忽然不怀好意地纵声大笑了，"哈哈，我想他们至少不比你更奇怪罢？"

"凡虚伪的东西都奇怪——你笑什么？你懂得我吗？"

叶公收敛了他的笑，但还是摇摇头说："我怀疑——你会是龙？"

"你学过古生物学吗？"

"没有，我连听也没有听说过这学科的名目。"

"将来的人类会加以研究的，倘使时间如环，我便能够有所预见，我知道将来的人类研究古生物学的成绩足以显示出真理，像你之类的人还没法了悟。然而还是请你坐下来，让我慢慢地告诉你，古生物学里这样记载着：我们龙类的出现是在三叠纪，到侏罗纪就是我们全盛的时代了，这以后又经过了4000万年，到冰河时代，我们龙族因为受不了这酷烈的寒冷，加以肚子太大，很难有足够的食物来填充我们的饥肠，加以许多新起的竞争者，如剑齿虎、大象、猛玛、犰狳，都一一出现在那时代了，所以我们龙族在大冰河时期被战斗、寒冷、饥饿逐渐消灭得干干净净的了，我算是龙族唯一幸存下来的……"

"照你这样说来，"叶公略为有点失望地咽了一口唾沫，"那么，龙委实是并不能够腾云的了？"

"龙族之中有一种叫翼手龙的，也可以在天空飞翔，却不是腾云，像鸟一样，它们也得努力拍打它们的翅膀。"

"也不会喷水？"

"和别的陆上动物并不两样，是呼吸空气过活的。"

"也没有所谓'宝'的东西？"

"宝？——什么宝？"

"就是那个，"叶公解释不出所以然，只得用手指指着屏风给它看，"就是那红而且圆的东西。"

龙瞥了屏风一眼，干笑两声说："嘿嘿，对不起，我们还没有发明那么新鲜有趣的玩意儿！"

叶公颓丧地呼出了一口气，摊开两只手说："唉！无聊！原来我日夜所梦想的龙却不过是如此！"

"先生，"龙显然地很是愠恼了，"你太侮辱我！无聊？真实倒是无聊，幻想反而有趣吗？——噢，我现在差不多要完完全全了解你是怎样的一个人了：你，先生，不过是一个只求虚名、不务实际的人物。这怪我开始误以为你喜欢真的龙，所以不远千里地跑来拜访你，而你实实在在喜欢的不过是那些不可捉摸的、从你的幻想中飞升出来的云里雾里的你所谓的龙！"

"但是它们美丽，"叶公勉强地辩驳说，"而你却并不美！"

"这要看你站在什么角度、采取怎样的观点去理解所谓美。我保证你还不懂得壮美的物事，你只配哼哼小调儿，却无法欣赏宏大的交响乐曲——而且你根本还不配知道龙，龙出生世间，并不是要叫人看了生快感的！"

稍停一会，龙又继续说："龙也不是一件装饰品，给你们装饰在墙壁上和廊柱上，使你们看了欢喜，给你们做衣裳的标识，使他人看了尊敬；也不是用来作为你们的口头禅，你们说'我爱龙'，这就足以增高你们的身价，表示你们的非同凡响、崇高和伟大了吗？"

"这样的龙，不是太枯燥无味吗？"

"岂止枯燥无味，"龙说，"龙的生活是艰难而痛苦的，他要能够和饥饿、寒冷熬持，要能够和强敌战斗，当他和猛玛、犰狳、大象、剑齿虎鏖战的时候，一样是用着牙齿和爪子，也有流血，也有牺牲。龙族能在这世界上生存几千万年之久，并非易事。在继续的战斗生涯中，他享受了大的醻乐——这是你所不易了解的——龙的生涯，就是一首战斗的长歌。"

"这不是我所理想的龙的生涯，并且不是我所理想的龙。"

"然而龙来了！"龙闪了一下威凛凛的眼睛。

"我觉得不很能够欢迎……"

"然而没有这么容易的事！"龙咬着牙齿说。

"你要做什么？"叶公恐惧起来。

"我要吃掉你！"龙吼了一声。

龙一步一步地逼近来，它庞大的身躯更逐渐变大，以至于塞满了整个的空间，黑黝黝中只看见龙的一双绿闪闪的眼睛和一条红焰焰的舌头。

叶公大叫，惊醒过来——大厅上空无所有，日影爬上了阶沿，四壁画的大小龙们仍旧夭矫地扭曲着它们的身子，却都似乎成了嘲笑的姿态。

镜　子

　　古时候的某地方有一个自以为很是美丽的女王，在她所管辖的100万方里的大国中，人民众多，牲畜繁盛。她做了多年的国王，年纪老了，从来没有照过镜子，也不知道镜子是什么东西，所以在她的一生之中倒也快乐幸福，因为这使她省却了心思去分辨美丽和丑恶，而又保障了她的美丽非凡的自信。

　　因为老了，她的牙齿慢慢地动摇、脱落，遇到吃硬的东西就很难办，这是美中不足之点，使她的脾气相当地坏，凡事不易迁就。

　　一天，一个从外国来的制镜商讨好女王，献了一面宝镜给她，用红缎子包裹着。

　　"这是什么东西？"女王接过红缎包袱，好奇地问。

　　"镜子，陛下。"制镜商笑迷迷地鞠着躬。

　　"镜子……有什么用呢？"

　　"它可以用来照见自己的面孔。"

　　"哦——然而我还不很懂得你说的话。"

　　"比如罢，"制镜商恭恭敬敬地说，"把这包袱里面的镜子取出来，我照镜子，镜子里面便有一个我；陛下照，也便有一个陛下。"

　　"这玩意儿倒真稀奇！"女王高兴地笑了，"那么，让我照照。"

　　从红缎包袱里她抽出一面镶嵌着珠宝的寒光四射的镜子来。对着那镜，她照了一下，立刻她的手腕颤抖了，她的脸色发青了！

　　"这是哪里来的老妖妇呵！"她恼怒地大叫着。

　　女官悄悄地走到她的身后，看了一下镜子，嗫嚅道："陛下，这就是您。”

　　“这就是我？”

　　“是的，陛下。”

　　“哐啷”一声，镜子落在殿脚下被摔得粉碎，珠宝和玻璃的碎片四散在地上，闪动着一颗颗流泪的眼珠。可怜的制镜商的头也被悬挂在高竿上了。女王则从此悒郁多愁，脾气更加变坏，因为镜子戳破了她自以为是美丽的幻想，而使她现出了丑恶的原形。

　　她因此深恨镜子。她通令全国所有的关口严禁镜子入关，倘使捉住了制镜商，便一律“杀毋赦”。

　　其实，在女王还不知道有镜子的时候，镜子便源源不断地从外国输入了，散布在全国；现在还继续地输入着，不但每个年轻的女郎，就是男人也几乎个个都有镜子。

　　可是在朝廷上，不准提到镜子，或者说和“镜子”同音的话。

　　有一个大臣在启奏政事的时候，一个不留神说出“禁止”这两个字，触犯了女王的忌讳，立刻捆绑出去“明正典刑”了。

　　从此天下似乎很平静，不但耳朵里听不见人说到镜子那可恶的东西，往来的公文上也看不见有关于制镜商的呈报了，镜子的“骚扰”也总算告了一个段落。

　　事情一久，慢慢会被时间的长流冲淡，女王也差不多忘记了她曾从镜子里照现原形的事了，仍旧自以为美丽非凡，而且是国中第一。

　　有一天，当她临朝的时候，她想听听大臣们的看法。

　　“请你们评判评判，我们的国中，谁是最美丽的？”她这样半开玩笑半认真地问他们。

　　殿堂上沉寂了片刻，没有回应。

　　女王蕴蓄了满腔的怒气，用假装的平和声调说：“不妨事的，你们说吧。”

　　“是陛下！”这才听得一声不约而同的全体欢呼，像一只被鞭炮炸破了的洋铁罐。

顿时一坛辣子酱化做了甘蜜，女王满心欢畅，仿佛有百千个蚂蚁在胸窝里爬，但表面上还严厉地申斥着："我知道你们都在骗我！"带着七分咕噜和三分撒娇的语气。

殿堂上的景象显得很是纷乱：骗子们都指手画脚，发誓赌咒，说他们所说的都是的的确确真心诚意出自肺腑的话，没有半点虚假。

用手摸着打皱的、粗糙的脸颊，女王微笑地点点头，心满意足了。

这使她又幸福地生活了许久。

一天，女王忽然发了雅兴，想到宫外去玩玩；平时被大臣们簇拥着导引去游玩的几处地方，也早已经感觉烦腻了，就想学小说上所谓"微服出巡"的情节，私下溜出去看看。于是女王穿了一件普通妇人的衣服，悄悄地走出宫来。

初夏的季节，草和树已经长得很茂绿，有些花朵还灿烂地开着。在沿着宫墙不远的地方，有一口古井，井旁树木蓊郁，悄静无人，只有一个栗发小姑娘在那里拍皮球，口里唱着歌儿，自得其乐。女王不由动了一点爱怜的心，用手招呼着她说："孩子，这里来！"

小姑娘停止住她的游戏，用陌生而且诧异的眼光看着女王，后来甚至慢慢地带着一点害怕的神色了。

"嗨，你看着我干吗？"女王略为生气地说。

"我看你是不是那故事书上说的老妖婆……"

"胡说，你仔细看看，我是这国里公认为最美丽的人。"

小姑娘果然走近两步，仔细地看了一看，明白这不过是一个疯婆子，倒开心地大笑了。"哈哈，可怜的老太太，"她说，"你从来没有照过镜子吗？"

"什么！——镜子？"像被火焰灼伤一样，她骇惧而愤怒地问。

小姑娘才害怕起来了。"是的，"她吃吃地说，"我是说那镜子……

镜子。"

"那么你身上一定揣着镜子的了?"无名的怒气使她的脸颊涨得紫红,像猪肝。

"揣着的,是的,没有……"小姑娘被吓得错乱了她的话语,"可是,你管不着!"勇敢地补充了最后这一句,她拔脚就想要跑。

女王突然发出一声尖锐的呐喊,风也似的向小姑娘奔去,用两只枯干皲裂的手捏住了她的脖颈,不让她吐出丝毫绝命的哀音,便在树根下扼杀了她。女王的自尊心和嫉恨心算是暂时得到了满足。而后她快速地搜遍小女孩的周身,果然搜出一面小圆镜子。

迫不及待地,女王拿那小圆镜来照了照自己的脸,看见了一副紫酱色的螃蟹的背壳,鼻子则像一条懒洋洋的、垂吊着的生黄沙病的蚕。

女王狼似的向天长嗥,狠狠地在石头上摔碎了镜子,用拳头捶击胸口,又用两手拼命撕扯头发,然后掩着她的脸,疯狂地跑回宫里去了。

她的幻梦第二次破碎在无情的真实上了。

镜子照出了她原来的形象,给她一个最冷酷的嘲笑、最有力的证明:她是丑恶的!

连她自己也明白了她的丑恶。但她恨自己的丑恶还在其次,她最痛恨的是镜子照出了她的丑恶,而且照出他人的美丽。

这东西确是恶毒,非"斩尽杀绝"不足以消泯心头的怨气。她于是发下愿心,要销毁全国所有的镜子。这结果可想而知是"很好"的——只要没有镜子,也就不再会有关于丑的判别了。

这桩事,身为女王的她,自然很容易办到。她动员了全国所有的军队、警察、暗探以及政府官吏来对付这些小小的玻璃片。搜索的结果,数量之大竟出乎意料地可惊:几乎每个国民都有一面镜子。

全国的镜子聚集拢来,堆成一座发光的大山,在炎炎的猛火中它们被焚毁了。这样一来,不但消灭了美丑的判别,甚至消灭了美。

男子下巴上的胡须茸茸，乱草般地生长起来，好像荒芜的田园；女人蓬头垢面，毫无修饰，像从鸡窠里仓皇跑出来的。

从此天下又太平了一时，女王看见她的愿望达到，也舒了一口心头的怨毒之气。但她还有些不放心，又下一道严厉的谕旨：国中人民敢有私藏镜子的，杀毋赦！

她愈老，愈丑，性情也愈暴躁，愈多疑。

她还恐怕大臣们并不贯彻她的命令，又秘密地组织了一队暗探，叫他们专门在街市上侦察，注意人们的行踪，尤其注意那些年轻而妖娆的、看来有一些蹊跷的少女的行踪。

一天，一个年轻的悲哀含愁的女郎被捉到殿堂上来了。她穿着一件素白的光鲜的衣裳，像一朵百合花，头发和眉眼都打扮得很妍丽，却胆怯而凄楚地哭着，跪伏在地上。当女王厉声问她的时候，她抬起了她可怜的面庞，好像朝晨的花苞还带着晶莹的湿润的露珠。

这即使不需要镜子的鉴别，女王也明白她在这天仙一样的女郎之前是处于一种怎样恶劣的地位——她不禁寒冷地颤抖了。

"说呀！"女王切齿地嫉恨地问，"你犯的是什么罪？"

"陛下，"女郎可怜地回答道，"我没有犯什么罪。"

"陛下，"暗探打躬说，"我们从她身上搜出了镜子。"

"嘎，"女王陡然怒不可遏，"什么，镜子？你居然敢私藏镜子？"

女郎没有话说，只是嘤嘤地啜泣。

暗探用两只手捧了一面发光的小镜，小心而恭敬，慢慢地走上前来，奉献给女王。

女王骇青了脸色，恐怖地摇着手说："不要挨近我！不要挨近我！——粉碎了它！"

当镜子从凶暴的暗探手里摔下去，碰击在大理石柱上，发出铿然的声音，迸裂成一些鱼眼样的小玻璃，四散在地上的时候，女郎哭泣得愈凶了。

女王囤积的愤怒稍稍舒解，但还没有完全消退。由于强烈的嫉妒，她自然不会轻易放过这女郎，只把她的怒气转化成对于受苦者的玩弄："说出你私藏镜子的理由！"

"因为我爱美。"哭泣的女郎昂扬起她的头来，勇敢地说。

"你没有看见我颁布的法律吗？"

"看见的。"

"为什么要知法犯法呢？"

"因为美比生命重要！"

女郎断然而高声地说，虽然她的面颊上还挂着冷冷的泪珠，却是那样的明洁和清亮，好像每一颗泪珠都在发出相同的宣言："美比生命更重要呵！"

殿堂上的空气显得十分冷凝，大臣们吓得面面相觑，说不出一句话。

隔了好一会儿，女王才从牙缝里迸出一个满怀惭恚和郁怒的字音："好！"

行刑场被缄默的人群包绕成一个圆形，女郎坦然地站在当中，她的身旁是执着明晃晃的大刀的刽子手。身后，坐在土坛上面一把紫檀木雕花的大椅子里的，是亲自来监斩的老丑而嫉妒的女王——她要亲眼看见她的仇敌丧失掉年轻的生命。可是她，我们勇敢的女郎，却用坚毅的、几乎是含笑的眼睛看着世界；她虽然将在这顷刻和阳光花鸟告别，但她并不害怕什么，因为为了美而牺牲，并不是没有代价。时候到了，刽子手挥舞起他的如风的大刀，就在这一秒钟——不，比一秒钟还要更短的俄顷——女王便从刽子手的刀光中看出了她和她面前站着的囚犯的形象。呵，这是怎样鲜明的对比：美和丑，善良和残忍，正义和不义，在这里划分了一条鲜明的鸿沟。在这刹那的闪光中所照出来的形象，不啻是无情的嘲讽、严厉的指摘、大张义帜的讨伐。和女郎的溅血的首级坠地的同时，女王也打了一个通身发冷的寒噤。而且更糟的是，她看出周遭缄默的人群都是美的追求者，无论男女都穿戴整齐，仪容俊秀，尤其是那般少女，一个赛过一个，都有如花的美丽。在屏绝了声息的凝寂里，人们石雕般地站着，头颅低着，冷冷的眼光中蕴藏着遏止不住的愤怒，仿佛同声在宣告一个已经被宣告过的真理：美比生命重要！这无声的呐喊更嘲笑了刀剑的无用与可怜。"野火烧不尽，春风吹又生"，还有什么暴君能够阻遏人们走向美和真理的道路呢？已经用不着徒然去搜索镜子了，广场上千千万万的人的脸孔，就是一面面最好的镜子，发射出闪闪的寒光，使那要想掩藏丑恶的，终于在人们眼睛的注视下暴露出了她丑恶的原形。而且那些眼睛更似乎步步地逼来，冷得发烫，好像放在太阳光中的无数放大镜，要向那土坛的当中集聚成一个焦点，使这个暴君的身体化作一道火烟，从大地上永远消灭。

　　女王瞠目看着这些人，看着看着，陡然用手拉扯着自己的头发。"啊——"从逼紧的喉咙里发出一声惨绝人寰的噪叫，恐怖和痛苦地扭曲着她的丑脸，连人带椅，向后晕倒过去了。

龙 门

　　大江里面住着一群鲤鱼，他们都到了应该跳龙门的季节了。他们中间除了一尾性情有点古怪的金色小鲤鱼以外，没有一个不在发愁。因为照鲤鱼族的规定，跳龙门的盛典是在每年秋天，当江水泛涨的时候，只举行一次的。上升和下降的命运只决定在这俄顷之间，倘跳不过，就只得仍然和鱼虾水草为伍，寂寞地熬耐过360多个白天和夜晚，再等下一次的机会。因此也有几次跳不过，慢慢地锐气消磨，在泥沙中老死掉的；也有虽然壮志未减，但等不及跳过去变成龙就带着鲤鱼的形躯死掉了的。所以鲤鱼们对于这桩大事都带着战战兢兢的、希望和恐惧的心情去迎接它，那严重的情形至少不亚于从前的人们考状元。

　　一天，一尾鲤鱼会着了另外一尾鲤鱼。那一个正躲躲藏藏地在读着一本叫做《文坛登龙术》的书，这一个跑去抢过来翻看了看，有兴味地问："你读这书有什么意思呢？"

　　"想从里面学点跳龙门的法儿呀，老哥。"

　　"我说你枉费了心机，兄弟。不瞒你说，原来这书我也约略浏览过，但讲的全是他们人类的事，和我们鱼族很少相干，像嚼甘蔗渣一样，是吃不出什么甜味儿来的。"

　　"那可怎么办呢？眼看日子已经不远了！"

　　"我也正在为这鬼事情发愁。"

　　这么说着，别的几尾同样发愁的鲤鱼也从各个地方浮游了来，大家便聚在一起商量跳龙门的事。有愁眉苦脸的，也有唉声叹气的，议论纷纷，始终想不出一个妥善的办法。

末后一尾鲤鱼冒冒失失地闯了来，冲口就问："老哥们，你们商量什么好事儿呀？"

"商量跳龙门的事呀！"鱼们说，"你老哥有什么心得贡献我们呢？"

"心得虽没有，"冒失鲤鱼说，"却可以告诉一点找心得的门径给诸位作参考。前天我在江底游玩，看见一尾老鲤鱼伏在泥沙里吐泡沫，那神气很像是有满腹的心得呢。我们倒不妨去请教请教他。"

"你为什么不先请教他呢？"

"抱歉之至，"那鱼作了一个尴尬的笑脸，"这因为……你们知道，我虽号称冒失，但在紧要关节的事儿上仍然是很害羞的。"

"我说不必枉自劳神，"其中一尾年纪较大的鲤鱼说，"显而易见，他要是有办法，早已经腾云上天去了，还在泥沙里吐泡沫干什么呢？"

"不管怎样罢，我们姑且问问他去，反正又不花什么本钱。"熟读《文坛登龙术》的鲤鱼这样倡议了之后，大家都一致赞成，便由那冒失鲤鱼导引着，闹嚷嚷地向江底游去。

路上，他们碰见了那尾性情有点古怪的金色小鲤鱼，便约他同去请教老鲤鱼，学点跳龙门的诀窍。

"老哥们，"金色小鲤鱼说，"除了认真锻炼腿力，还有什么更好的诀窍呢？"他拒绝了他们好意的邀请。

"真是一条怪鱼……"他们扫兴地浮游离去，其中一尾发出不满的议论。

"'怪'鱼就是'坏'鱼，因为这两个字同音。"另一尾又洋洋得意地加以补充，很叹赏他自己的聪明。

他们都泅到了江底，找着了那尾困陷在泥沙里正翻着白眼的老鲤鱼。

"别来吵我，我快要死了。"老鲤鱼难过地说。

"别那么忙，老先生，"鱼们说，"我们还有一件事情要请教你呢。"

"什么事？快说吧。"

"就是为了跳龙门的事……"

"孩子们，我劝你们多锻炼一下腿力，自然就跳过去了，不要去玩别的花样。"

鱼们都苦着脸说："就因为腿力不济呢！"大家相信老鲤鱼一定还有下文，于是哀声齐作，说短道长地嬲着他把那诀窍告诉出来。

老鲤鱼被逼得无法，加上老是死不了的痛苦，只得说："罢了，罢了，让我告诉你们吧：跳龙门其实也并不是一件难事，你们只要到五金店里去，请匠人在你们的尾巴后面各装上一条弹簧，一弹不是就跳过去了吗？"

"妙计呀！妙计呀！"鱼们欢喜地跳跃起来，"这真是一条绝妙的妙计，可怪我们这些蠢笨的头脑就从来想不出！"

"可是，装了弹簧跳过去的，只能够变作小龙。"老鲤鱼声明。

"不管什么龙都好，只要是龙。"鱼们说。

"而且我以为，"其中一尾鱼说，"变小龙还要可爱得多呢，人们都单只爱小龙。"

"不过，这就是困难的地方了，尾巴上的弹簧是变了龙也丢不掉的。"

"这有什么要紧呢，就让它弹着不也一样地有趣吗？"

"那怎么成？"老鲤鱼说，"这弹簧要是露了出来，被人看见，就得打现原形，从天上掉落下来，陷在泥沙里做鲤鱼直到老死。"

大家暂时都不作声。一尾聪明的鲤鱼想了一想，说："这不很容易吗？只要去做一个布套，套在尾巴上，不给人家看见就行了。"

"唉，孩子，"老鲤鱼气息奄奄地说，"我难道还不及你们聪明？老实告诉你们，这套把戏我也早就玩过，可是不中用，仍旧打现原形了。"

鱼们察看它的尾巴后面果然还吊着一段生锈的弹簧，已经被泥沙水藻遮掩了一大半。正在兴高采烈的鱼们，看了也并不觉得有什么难受，还嘲讽地说："这只怪你的布套套得不牢靠，这不能怪谁。"

他们说着，便高高兴兴地泅开了去，留下老鲤鱼咽了最后的一口气。

回来的路上，他们又碰见了那尾性情有点古怪的金色小鲤鱼。大家依旧一视同仁，把他们得来的一套跳龙门的秘诀毫不隐瞒地传授给了他。

"谢谢你们的好意，"金色小鲤鱼说，"可是我不高兴作假，并且我也不愿意变小龙，要变就得变一条大龙。"

"好啦，兄弟，变你的大龙去吧！"鱼们扫兴地嗤笑说。

临到跳龙门的一天，金色小鲤鱼以及别的已经找五金匠人在尾巴上装好了弹簧的鲤鱼都齐集在龙门的下面，等候评判员发号令。周围的观众已经是人山人海了。

"一！二！三……"乌龟伸长着它的脖子喊，"跳！"

装上弹簧的鲤鱼们自然轻而易举一弹就跳过了龙门，变作一批活泼玲珑的小龙，摇摆着他们略有点笨重的尾巴，腾云驾雾，直上天空。至于那尾金色小鲤鱼呢，实在因为腿力欠佳，还差好几尺，再也挣不上去，就跌落下来了。

天上的小龙们说："兄弟，想变大龙的兄弟，上来呀——怎么倒往水里钻呢？"

金色小鲤鱼并不因此灰心，照常每天锻炼他的身体。倘在月光的夜晚，他就每每要从水里到水外，扑通扑通地弹跳个通宵。到第二年跳龙门的时候，他还是差一点劲，掉落下来；而另一批新鲜活泼的鲤鱼升腾上去，变了小龙。在艰辛的努力中，他渐渐地更能熬耐寂寞的侵袭了。恢宏的意念在他的胸中更加成了坚信，冷漠和挫折又算得什么呢。一颗在夜晚的天空被众人瞻望的大星的璀璨，那成就何止是集聚了千万吨烈火的燃烧。形躯渺小的他，有坚忍不拔的心志，一次又一次地在铁砧上锤着这毛铁，直到它有一天成为精钢。

终于到了这么一天，金色小鲤鱼凭借着他自身所有的力量，一跃而跳过了高高的龙门。

"大龙——一条大龙!"下面的群众都喧哗起来。

果然一点不差,这在苍穹上现形的乃是一条大龙。他披着金光闪闪的甲,腾驾着云雾,冉冉上升到天空的极顶。他的头横亘在东海,他的尾巴倒挂在昆仑山巅,常幻化作七色彩虹,给大地上的人民以无穷的希望和前进的勇气,因为在他之后一定会出现灿烂的红日。倘使宇宙昏沉,世界肮脏了,他便会挟着风、雷、雨、电,把霹雳、闪电、疾风、猛雨一齐狂怒地施放下来,给黑暗和丑恶以无情的清扫。自然,在沉酣的搏战中,他也将要拔木伐屋,使人畜倒毙、田土淹没。然而只要大雷雨一过,那明净如洗的青天便定将显露,惨暗的世界会因而苏生,人们又可以在洁净的大野上重建新的基业。所以,世世代代诞生的龙在人民纯朴的记忆里都将长存而不朽。

值日功曹急忙把大龙诞生的事报告给天帝知道。这是近百年来未有的大事了,天帝也深深感觉稀异而发出了衷心的欢笑。他马上召集力士和金甲神圣来,吩咐他们在天庭安排琼林宴,给新诞生的大龙祝贺。

到会的不单有金色小鲤鱼变的大龙,也还有别的大龙和全体的小龙,他们都是被邀请来做陪客的。

"你现在居然也变了龙了。"老气横秋的小龙们走上前来说,"这自然可喜可贺!但你要知道,你的身体虽然比我们长些,你的资历却还短浅;而我们呢,斗胆地说,都是些老小龙了。以后倘有什么疑难的问题,尽管前来请教,不要怕难为情,我们自然义不容辞地要指点给你的。"

于是坐下来喝酒。大约这样的机会也真是难得,所以老小龙们都尽情地喝着,喝得有八九分醉意了,慢慢脱略了形迹,有连打着嗝噎的,有把杯筷扫落地面的,有欠伸身体的,有松动腰间玉带的,不一而足。

他们中间的一个,带着陶然蒙眬的醉眼,把一口一口的香烟喷向邻座一个最不爱抽烟的老小龙。

"老兄,"那一个抗议说,"请不要开这令人难受的玩笑好不好?"他打着连眼泪、鼻涕都熏出来了的呛。

这一个看得有趣,还是涎着脸一口口地向他直喷烟。

"这算什么呢?"那一个沉下脸,发恼地说,"你要知道龙也有龙的尊严呀!"

这一个恶意地眯着眼睛看着他:"你还有什么尊严?有尊严的龙就不至于在尾巴上装弹簧了。"

"请……请问……"对方红涨着脖子,抖抖索索地站立起来,"我究竟什么时候装过弹簧?"

"你不在你的尾巴上装弹簧,你用布套套着它干吗呢?难道你生坐板疮吗?"

猛然的打击使对方呆哑,不知所措。场景正陷入于尴尬的时候,出来一个打抱不平的朋友。

"你说别人尾巴上套布套,"那朋友愤激地说,"阁下你尾巴上套的又是什么呢?难道你也生了坐板疮吗?"

"是的,"这方也出来一个发言的朋友,"我可以替他证明,他现在确乎生着坐板疮。"

"他生坐板疮,难道阁下你也生了坐板疮吗?"

这方的朋友理屈词穷,连打了两个嗝噎,说不出一句话。

对方忽然声势浩壮,骤然出来两三个朋友,一致呐喊:"我们剥去这小子的布套,看他尾巴后面夹的究竟是什么!"

"小子,要讲打吗?你看谁还怕谁!"这方的朋友们也揎拳攘袖,不肯示弱。

一场猛烈的战争开始了,老小龙们推翻了筵席,带着愁云惨雾,蹿出天庭,在浩空中盘旋,用爪用嘴,各不相让地撕咬对方尾巴上套着的布套。几分钟工夫,所有的布套被这批"勇武的战士"互相剥落下来,而显现出尾巴后面挂着的那颤巍巍的并不雅相的弹簧。

　　相打的结果，他们终于各自带着他们的宝贝栽落到江底去了，以后他们就只能永远蹲伏在泥沙和水藻之间做鲤鱼直到老死。虽说如此，他们也并不十分懊悔，因为毕竟借了弹簧的助力做过龙腾过云了。

傀儡的把戏

锣打过了，接着便是小鼓、犬鼓、钹、胡琴、笛、哩喇子……众乐齐作。

傀儡们依次出场，先是瘦子王克敏，他本来只有一点八字胡，但现在却挂上了长须，果然显得要威风一些；其次是老想打瞌睡的温宗尧；再次是连眉眼也分不清了的梁鸿志，然后才是殷汝耕和别的许多小傀儡们，很是热闹，挤满了舞台。

王克敏站在中央，拱手说："列位公台请了！"

众傀儡哈欠连天，擦着眼屎懒洋洋地说："请了！"

"今乃我们临时政府成立之期，"王克敏说，"理当挂上国旗，庆贺一番。"

哩喇子在台后起劲地吹了起来，一幅做了老鼠窠的国旗被众傀儡横拖直曳地抬了上来，抖去上面的鸡毛、蝙蝠粪，居然就拿来悬挂在中央。

众傀儡们又从后面抬了一幅耀武扬威的太阳旗出来，和红黄蓝白黑旗交叉地挂在一起，据说这是象征"亲善"。

台下的看客们大不满意了，都打着哨子，发出嘘嘘的声音来。

好在王克敏和全班傀儡们的脑袋是木头雕的，所以他们也不会脸红，还是若无其事地扮演下去——

"……夏桀王无道宠妹喜，殷纣王……"

王克敏站在中央这么唱。他本想从盘古开天地一直唱到现在，但刚唱到这里，台下忽然响起来一片不耐烦的吵嚷声："嘘，嘘！""不要脸!""一、二、三,退票!""退票!还我们的钱来!"

"唉!"王克敏急得没有办法,干瞪着眼睛说,"乌七乌七……简直乌七八糟!"

一个不重要的丑角取下他的吊脚胡,爬伏在台口上,向下面的看客办交涉说:"嘿嘿,维持维持,哥儿小姐,好的还在后面! ——再说,各位根本也还没有买票,我们拿什么钱来退你们呢?仁人君子,各界来宾,稍安毋躁,好的就要来了。"

"有没有老虎呢?"一个幼儿园的毕业生问。

"有,有。"丑角说。

"龙呢?"

"有,有二十几条龙。"

看客们开始觉得高兴起来,一个军官的儿子问:"有没有义勇军呢?"

"阿——嚏!"台上的温宗尧打了一个大大的喷嚏。

"哥儿,"丑角苦着脸说,"别乱说吧,好的就要来了。"说完依旧挂上他的吊脚胡,戏文又扮演下去。

王克敏唱完了,又让温宗尧沙着嗓子唱一段,温宗尧之后又是梁鸿志,始终是这一帮老家伙们。好的角色老是没有上台,就连半只老虎的影子也还不见,不用说二十几条龙了。

看客们正在嘟噜着嘴,没好气,忽然锣鼓停打,王克敏从袍袖里伸出一只又干又黑的手来放在台口上。

"这要做什么?"小虎子问。

"拿钱来!"王克敏老实不客气地说。

看客们都大吃了一惊:"兴要钱么?"

"看戏出钱,天经地义!"王克敏鼓着眼睛说。

刚才说话的那个丑角又取下他的吊脚胡,靠在柱子边上打圆场说:"在家靠父母,上台靠朋友,哥儿小姐,帮场帮场——随便赏几个子儿罢!"

军官的儿子刚才受了他的骗,心里一气,就把一个小石子驾在弓上,弹了上去,说"讲你吃点心罢",那个吊脚胡就一命呜呼,倒下去了。

王克敏索性也取下了他的五缕青须,露出他原有的短八字胡,大发脾气说:"究竟拿不拿?爽快点!"

"不拿!"看客们一致地说。

"不拿?!我就要变脸了,信不信呢?"

"不信,不信——你变出来我们看看呀!"

王克敏气得身子索索地直抖,再也不说别的话,就转身过去,打衣箱里抓了一个面具来,套在脸上。他本来想抓周仓的面具,哪知道忙不暇择,却错抓了难产死的女鬼面具,吊着一条又红又长的舌头,呜呜地在台上兜着圈子跑。

这一来看客们不惟不怕,反倒逗得乐了起来。吵嚷的声音也比先前更凶:"不要脸!""嘘——嘘!""嘘嘘嘘!""要——不——得!""我们不要!"

正在嘈乱纷扰的时候,忽然一只硕大无朋的生着绿毛的手从台底伸了出来,这手比王克敏的本身要大三倍,手里拿了一个要钱的小簸箕,手之后又伸出一个狰狞的肥头,占去了舞台面的1/3。台上的大小傀儡这时都不见了,连难缠鬼王克敏也不见了,单剩下这一个肥头和这一只拿着要钱的小簸箕的毛手。

"呀,不好了……日本鬼出现了!"看客之一的小扁嘴说。

"是的,这是日本鬼!"军官的儿子注视着那个凶恶的肥头说,"但是他演了蹩脚的戏给我们看,还要逼我们出钱,我们打死他!"

"好呀,打日本鬼,打死他!"

看客们一窝蜂似的拥了过去,蒙头盖脸地给那肥头一场胡打——用拳头,用牙齿,用指甲,用脚,还用别的方便的武器,如石头或木凳脚之类——终于把肥头打得咽气了。看客们把用布和竹竿搭就的戏台，加上红黄蓝白黑旗和太阳旗，加上肥头，加上王克敏、温宗尧和别的大小傀儡们，一把火通通给烧个精光。

"我们不要再看傀儡的把戏了，朋友们。我们自己来扮演真的戏文吧。"

疯人的来由

一个秀才进了疯人的国。

疯人们都带着锁链——贵族带黄金的，士绅带白银的，贫民带铁的，不管品质怎样，总都带着锁链——行走在街上，弄得叮叮的响，以自得其乐。

秀才没有锁链，街上的疯人们都投以诧异的眼光。女疯子们甚至见了他来便骇得惊走："哎呀，多不害羞的男子哟！他连锁链也不带！"

"疯子！疯子！"小疯子们像麻雀一样地集在他的后面，用瓦片掷他，还吐他唾沫。

秀才被弄得无法，只好在五金店里买了一副铁锁链来挂在颈上。

他走在路上，遇见一个小学教师——自然也是一个疯人——向他说："先生，我看你是一个斯文人。"

"是的，我是一个秀才。"

"啊呀，失敬得很。可是恕我冒昧地说，你为什么带一副这样蹩脚的铁链呢？就你的身份而论，便是充银的也满配。"

"我根本就不懂好好的一个人为什么要带锁链……"秀才嘟囔着说。

"轻声些，先生。"小学教师吃了一骇地说，"……带锁链，这是载之圣贤经传上的大道理，谁敢公然去怀疑它呢？"

"我没有敢去怀疑，"秀才慌张地说，"我……我不过是说，没有钱去买那么贵的东西……"

"好朋友，我真同情你的境遇。一个人，裤子可以不穿，锁链却不能不带……我介绍你也去当几个月的小学教师再说吧，积点钱，整饬一下仪表……"

秀才在疯人小学里当了语文教师，生活倒也顺遂，没有起什么风潮。

一天，他看见办公室里一个老疯子在打一个小疯子的手心："告之再再，还是要吐痰——伸好！"

但是小疯子刚呜呀呜呀地哭着走了出去时，老疯子"呼！哈！呸！"漫不经心地吐了一口又黄又浓的臭痰挂在柱脚上。

秀才心里不禁打了一个寒噤。

又一天，校长先生站在升旗台上大骂："……人而打牌，不可以作巫医也……况且……况乎……乃夫……"

于是有两个小疯子挨了一顿又薄又滑的软板子，又有两个小疯子被开除学籍。

校长下了升旗台，却拉住一位叫做"仲翁"的说："仲翁，三缺一，晚上来搓个八圈。"

秀才心里不由又打了一个寒噤。

秀才在这里还看了许多诸如此类的情形，使他心眩目颤，有时身子竟像害了疟疾似的抖动起来。他心想：再在这里住上半年，自己一定也要成为疯子了。于是他卷了被盖，遁逃出去。

他在衙门里当了一名书办。

有一天，老爷坐堂，一个乡下佬扭了一个土豪进来告状。

"老爷，他绑去了我的牛。"乡下佬说。

"胆敢绑牛！"官发怒说，"拖下去打他二百屁股！"

差役们却把告状的乡下佬掀翻，一五一十地给支了一个二百的实数。

乡下佬摸着屁股呜呀呜呀地爬起来："打错人了呵，老爷，打错了小人呵！"

"打错了重打二百！"官说。

乡下佬又被掀翻，一五一十地又给支了一个二百的实数。

乡下佬翻爬起来，只好把眼泪往肚里咽，摸着他被打得发肿的屁股，一声不响地拐了出去。

乡下佬走出去了后，从二堂里面忽然钻出一条像小山一样的大黄牛，是被衙役们牵了出来的。

官看着牛，笑眯眯地说："牛还肥。"

"还不错。"土豪说。

"嚇嚇，"官咂着嘴说，"兄台，你觉得清炖好呢还是红烧好？"

土豪说："不拘罢。我看各样风味的菜肴都弄一点来尝尝的好。"

官退了堂，挽着土豪的手走进里面。牛在后花园里发出哞哞的哀号。秀才一个人坐在大堂上，头发骇得直竖了起来——这是一个什么样的世界呢？

秀才卷了铺盖，从衙门里逃遁出来，住在一个野鸡旅店里，卖文为生。他在城里的报纸上发表了许多文章，想治愈这国度里所有的疯人。

他主张废除锁链，主张以身作则，主张严肃贪污……他的笔治愈了少数的疯人，居然也还有人附和他的言论。社会骚动起来，好比在阴湿的粪缸里的蛆虫一样，骤见光明，简直要昏眩得睁不开眼来。

"嚇嚇，"疯人们在茶馆里议论纷纷，"好大的胆子！竟敢主张废除锁链，夫锁链者，乃人类身上天经地义的东西也……这外国的二毛子还居然敢讽刺学校和政府，这一定是危险分子、过激派，再不然一定是疯徒无疑。"

"一定是疯徒！"一个老先生下断语说，"这真了不起，他一来就把我们这里许多年轻人都带疯了，简直无法无天……"

不久，秀才便被本地政府抓进了疯人治疗所——也即是监狱的另一称谓——一大群疯人在狱门外赶着秀才叫疯子，并且投赠他以石块、泥土之类的东西。秀才被这样叫、这样侮蔑惯了，对于"疯"字的含义渐渐不甚了然起来。究竟真是自己疯了呢，还是世界上的人发了疯呢？

他思想着思想着，寻不出一个正确的解答。尔后他的神经慢慢失了常态，变成一个真的疯子了。

　　这就是一个疯人的来由。

蝙蝠的子孙

古时候，鸟和老鼠本来是亲族，都住在陆地上，过着宁静快乐的日子。后来不知从哪里来了一对蝙蝠，肥胖的样子，既不像鸟，也不像老鼠，倒挂在树枝上睡觉，惯于插科打诨，逗得鸟兽们都很喜欢，终于大家做了很好的朋友。

起初这对蝙蝠还守本分，吃着果子以及鸟兽们自己栽种的稻麦之类东西，只不过吃得稍多一点，吃了便说笑话，不做什么事。

一天，倒挂在树枝上的雄蝙蝠向他的太太说："唉，太太，我怕要活不下去了！"

"可不是吗，亲爱的，"太太说，"我也觉得很是难过。你看我们肚子里单是装了淀粉质和水分……"

"难道待客便是如此的不客气吗？"雄蝙蝠诅咒地说。

当天晚上，鼠族的一户人家便失掉了两只刚下地不久的小老鼠。风起来了，母亲悲哀地啼哭着，在这月暗天昏的黑夜。鼠族全体出动，四处寻找，只是渺无踪迹。

这对"绅士"夫妇静静地挂在树枝上闭着眼睛睡觉，谁也没有去疑心他们。

半夜，雄蝙蝠打了一个噎嗝，慨叹道："脂肪质的滋味究竟比淀粉质要高明得多呵！"

雌蝙蝠说："说到养人，毋宁要算是蛋白质罢。"

第二天早上，鸟族的巢里又失去了一对刚下不久的漂亮的蛋。风起来了，最后几颗星还挂在树上，母亲悲哀地啼哭着。鸟族全体出动，四处寻找，只是渺无踪迹。

"绅士"夫妇还半开着眼睛，悬挂在树枝上，好像还没有睡醒的样子。

待到他们醒来，知道了鸟兽族中所发生的不幸后，也陪着落了几颗伤心的眼泪。以后他们便装出滑稽的样子，插科打诨，消愁散闷，逗得鸟兽们都大大欢喜，几乎忘了曾经发生过的惨痛的事。

从此以后，这样的事层出不穷了。鸟兽们都恐慌起来，互相用戒惧的眼光看着，但是小鼠仍要一只只地失踪，鸟卵也一个个地不见。这期间"绅士"夫妇长胖了些，并且做了佛教徒，以睡觉和念经的时候居多。弄到后来，鸟类只好搬到森林里，鼠群只好找岩洞居住，但恐怖事件却没有因而终止。

一天，鸟族的全体在森林里开会，蝙蝠夫妇扑扑地飞了去，族长说："先生，我们在开一桩机密会议，你不是鸟……"

蝙蝠说："我是鸟呵，不是鸟我怎么会有翅膀呢？"

"并且我们还要向你们报告一个机密消息呢。"雌蝙蝠说，"鼠族准备要和你们开战了，说是因为你们吃掉了他们的儿女。"

"这还了得！"鸟们通通咆哮道，"开战吧！开战吧！"

那边鼠族也正在岩洞里开会议，蝙蝠夫妇匍匐地爬了去。族长说："先生，我们正在开一桩机密议会，对不起……"

蝙蝠说："唉唉，怎么见外了呢？我也是鼠类呵，你看我不是分明长着四只脚吗？"

"并且我们还要向你们报告一个机密消息呢。"雌蝙蝠说，"鸟族要和你们开战了，说是因为你们吃掉了他们的儿女。"

"开战吧！开战吧！"鼠们通通咆哮道，"这还了得！"

鸟鼠的大战很快就爆发了，战场上死伤很多。蝙蝠往来两军之间，做了他们的总参谋。打到后来，两族人再也不能支撑下去，战事就自然而然停止了。但是彼此结下深深的仇恨。

鸟族把死了的鸟交给蝙蝠，拜托他帮忙掩埋。

蝙蝠一面挥泪，一面点数说："唉唉……25，30……这些都犹如我的亲侄儿呵，我一定要替他们修造一座很好的坟墓。"

他却替他的侄儿们修造了一座很好的仓库，并且有一部分的侄儿已经被他熏炙熟了。

鼠族也把死了的鼠交给蝙蝠，拜托他帮忙掩埋。

蝙蝠一面挥泪，一面点数说："唉唉……35，40……这些都犹如我的亲侄儿呵，我一定要替他们修造一座很好的坟墓。"

他却替他的侄儿们修造了一座很好的仓库，并且有一部分侄儿已经被他腌渍起来了。

后来蝙蝠夫妇生了儿女，吃着鸟鼠的肉，都长得很发福；并且继续往来于鸟鼠之间，做他们的亲戚——子孙绵延下去，一直到今天。

二王子

从前有一个国王，他有两个王子：小的那个很聪明，大的那个却被公认为是没有希望的笨蛋。国王到了自己知道要死的年龄，就在心里盘算着：王位究竟应该传给谁呢？照老规矩自然应当传给大王子，可是国家要是让一个笨蛋来治理，岂不就要弄糟糕吗？但要想传给二王子呢，又怕一些不识时务的大臣们要在暗中嘀咕。

想了一些时候，终于他想出一条妙计，他召了两个王子到面前来说："我呢年纪已老，看来是活不长久的了，你们两个都是我心爱的儿子，不知道王位传给谁才好。现在我给你们一人一块面包，到外面去碰碰运气，两个月以后再回来见我，谁创造的事业大我就传王位给谁。"

两王子各带了一块国王颁发的面包，扮装做平民的模样，一同走出宫来。

"这桩事我们可以合作的。"二王子向他的哥哥建议说。

"怎样合作呢？"大王子不解地问。

"这很简单，就是'有饭大家吃，有事大家做'——你说好吗？"

"好的，好的。"哥哥欢喜地赞同了。

中午，两人走得很是疲倦，便在路旁的一棵柳树的下面坐着歇息。

肚子都饿起来，于是二王子提议进餐。"从大依小，"他说，"那么先吃了你的面包吧。"

大王子就拿出他的面包来两人同吃。这自然不须几分钟便吃得精光。两人捧着肚子站起来，又开始了行程。走到一处三岔路口，弟弟忽然站住了脚，思索地向他哥哥说："哥哥，我现在又想起一条新鲜的计划来了。我想我们还是分头走的好，这样或许得到运气的机会更多一些——这边一条小路，虽说僻静一点，也许会碰见神仙，就让哥哥走了这条路吧；至于我，还是走这边一条平常的大路。"

大王子起初执意不肯走小路，禁不过二王子再三地劝让，兄弟俩才伤心地分了手，一个做买卖，一个找神仙去了。

两个月以后，做买卖的二王子回来了。他的运气果然不坏，带回了一大群动物：狮子、象、犀牛、羚羊、鹰、虎、海豹……总而言之，马戏班所有的物事他都带回来了。全城的百姓轰动，都预先张灯结彩，来欢迎这位凯旋归来的王子。这一天真是热闹极了，人山人海，百姓们挤在大街的两旁，争着一睹二王子的风采。坐在大象背上的二王子向着百姓们微笑地点头，神情非常闲适，姑娘们都纷纷把花朵抛到他的肩头。

找神仙的大王子也同时回来了，穿着一件褴褛的蓝布大褂，一顶旧麦草帽斜斜地罩在脑门上，遮住了半边脸，跟在热闹的马戏班后面，没有一个城里的居民认识他。但他也有同样的快乐和骄傲，好像果然在深山得了什么道法。

兄弟俩一先一后走进王宫。国王一把抱住他的小儿子，流着泪，吻着他的苍白脸颊说："啊，儿子，你看上去清瘦许多了，可是你创造了非凡的大事业，什么大人物也不能和你相比。只带一块面包出去的你，却带回了偌大一个马戏班——这么一笔大财产！儿子，你告诉我，你是怎样到手的呢？"

二王子还来不及回答，国王一眼看见立在弟弟身后、穿着乡下佬衣服的穷相的大王子，立刻止不住光火地骂："笨蛋！你倒吃得又红又壮了！可是你带了些什么东西回来见我呢？难道就只是你这一身褴褛的衣服和你这一副穷相吗？"

"不，爸爸，"大王子说，"我是带了可贵的东西回来的。"

"什么可贵的东西？"

"人生的幸福，爸爸。"

"你在这两个月里什么事也没有做，"国王跳起来说，"你倒好意思说带了人生的幸福回来？"

"爸爸，我做事的，我砍树。"

"你居然混得这般地下流，王子身份也不要了！你亲手握着那肮脏的斧头去砍树，好的，你去砍罢，我也不来管你，你倒给我说说你的经过看！"国王气吁吁地咬着他的牙齿。

"我走到一座树林里，"大王子开始叙述他的经历，"看见好些人在那里砍树。这时我的肚子饿了起来，就躺在树根上，想有点什么东西吃。到天色傍晚，砍树的人们停下来，围坐在一堆火旁，取出面包、牛肉来大家分吃，还喝啤酒。我走到他们的身边说：'兄弟，我饿了，分给我一点你们的东西吃吧？'一个人看了我一眼问：'你会砍树吗？'我说：'会的。'他们就给我牛肉、面包吃，还给我酒喝。我便和他们一同睡在小木屋里。到第二天，他们给了我一把斧和一把锯。我便跟他们一同砍树。在体力的劳动中我感受到了人生的幸福。白天我和那些人一道做工，晚上又和他们一块睡在星光和月光的下面……就这样的，我觉得心里快活……"

"快活！快活！"国王暴怒地打断他的话，"快活是圆的东西呢还是方的东西？拿出你的快活来给大家看看吧——你为什么不说话了？"国王又一眼看见了他"苍白而可怜"的小儿子，怒气才渐渐平复下来，温和地问："好儿子，你告诉我，你造下了这样伟大的事业，究竟使用的是什么秘诀呢？"

"没有什么秘诀，爸爸。"二王子说，"我只是使用我的心机。"

"哈，儿子，"国王欢喜地说，"你也懂得诀窍吗？——我原说把王位传给你是再恰当不过的了。"

"我把我的经过简单地报告给爸爸听吧：我在大路上走，起初我用我的面包骗来了一只鹅，后来鹅生了蛋，我就用蛋骗来一群小鸡，用鹅骗了一只羊，后来把这些东西通通出脱了，骗来了一群猪，一群猪又换了一群绵羊，一群绵羊换了一群骡子，后来又通通换做了牛，牛又换做了马。最后遇见那个倒霉的马戏班主了，我就向他造谣说，现在各国对于娱乐捐税一项都将特别加重，变把戏是最赔本不过的事了。他听信了我的谣言，便哀求我用我的马来交换马戏班。我自然只得应允了。这就是我两个月以来做买卖的简单经过。"

"好一个聪明的儿子！你这样会骗，将来倘使做了国王，准保所有的人民都会服服帖帖地落进你的圈套——可是我给你的一块面包，你竟一点也没有吃吗？"

"我吃了的，"二王子说，"但不是吃我自己的，我是骗哥哥的面包来吃了的。"

"唉，笨蛋！"国王又好笑又好气地责骂他的大儿子，"你看你的面包也给人骗去吃了，你还有什么话说？"

"我没有什么话说。"大王子摇摇头，眼睛看着窗外的天空说，"我要回到森林里去。我欢喜流了汗再吃面包，因为这样我觉得幸福；我欢喜工作疲劳了再躺下来休息，因为这样我觉得舒畅。我还欢喜那里温暖的柴火堆和那积雪的山谷，蓝蓝的天空，明亮的星月……让我回到森林里，去和那些不会骗人的、诚实勤勉的人做永远的伙伴罢。"

这便是这一篇老传说的新故事的终结：哥哥去砍树，弟弟做了国王。